中公新書 2549

増田直紀著

海外で研究者になる

就活と仕事事情

中央公論新社刊

はじめに

休暇（ホリデー）は、イギリス、あるいはヨーロッパを語るのになくてはならない要素である。彼らは休暇が大好きだ。日本人とて、休暇は一日でも長くほしいだろう。しかし、その長さ、豪快さ、人生で優先される度合い、社会の受け入れ度合いにおいて、ヨーロッパの休暇は日本の休暇の比較にならない。二〇一九年四月一一日。すったもんだの末、イギリスのEU離脱が最大半年間、延期されることが決まった。数時間後、イギリス議会は一二日間のイースター休暇に入ることを決定した。その決定は速かった。ホリデー！

私はイギリスの大学で働いている。大学においても、休暇の地位は高い。事務員も、大学院生も、自分が抜けることによって困る人がいようがいまいが、一週間、二週間の休暇をどかんと取る。そして、イギリスの大学の夏休みは果てしなく長い。実質三ヶ月ある。この間に里帰りする人は多い。

一方、研究者は研究を行うことが仕事であるだけではなく、心底楽しいので、夏休みの間に他の国に長期滞在して研究したり、ここぞとばかりに自分の研究を家でせっせと進めたりしている。私もそうである。どのように過ごすにせよ、夏休みは人生の自由さを特に感じさせる季節なのである。拘束の少ない長い夏休みは、イギリスやヨーロッパの大学に特有なことではなく、アメリカや他の国々にもある。これは、研究者の理想の一つである。

まとまった休みがある以外にも、自分の行いたい研究や執筆などを高い自由度で進めることができることや、日常の勤務時間に融通が利くことも、研究者の理想であろう。日本の大学では、長い夏休みを取りにくい場合は多いかもしれないが、活動の自由度や勤務時間の柔軟さは高いことが多い。

ところが、世の中そんなに都合のよい話はない。研究者は主として大学に属している。大学教員である以上、授業や大学業務も着実に行わなければならない。また、人員削減や研究不正のような事態が起こると、大学で働く側としては何らかの業務負担が増えることが多い。あるいは、土日に大学業務をこなしたり、行きたくもない学会に行かなければならないかもしれない。採点業務が年々増えるかもしれない。給料は順調に伸びていくのだろうか。

本書では、海外の大学でプロの研究者（主には大学教員）になるという選択肢を紹介する。ここでいうプロの研究者とは、ボスの下で働くのではなくて、研究室を自分で主導できる立場にある研究者のことである。

どうやったら海外で研究者になれるのか。海外で研究者になるとどんな仕事が待っているのか。自分のやりたい研究をよりやりやすくなるのか。休暇を含めて日本より有利な点は何か。日本のほうが勝っている点は言語の苦労がないことに加えて何があるのか。こういった疑問に答えたい。

本書ではイギリスの大学で上級講師（日本の准教授に相当）を務める私の知っていること、見聞したことをなるべく幅広く述べるとともに、海外の大学や研究所で研究者をしている一七人の日本人にインタビューを行った。欧米から、オーストラリア、アジア、途上国まで。そして、理工系、医学系から社会科学系までである。

インタビューを通じて、日本の大学の仕事や運営の仕組みは、アジアを含むどの国とも大きく異なることが分かった。そして、国や分野にもよるが、確かに日本の大学より海外で働くほうが職業として良さそうなことがいくつもある。いっぽう、日本の大学や生活のほうが海外よりも良かった、という点も見えてくる。

「海外で働く日本人」という視点から海外の大学を紹介し、日本と比較をしてみる。このことは、研究者以外の職業、たとえば企業就職や自らビジネスを起こす場合においても、海外で働くことと日本で働くことを天秤《てんびん》にかけて比べてみる視点を与える、と強く信じる。本書が、研究者だけでなく多くの人にとって海外の仕事と日本の仕事について知り、考えるきっかけになれば、著者として幸いである。

目次

第三章　一七人に聞いた就活事情――75

第四章　海外の大学での仕事 121

第五章　大学教員生活のお国事情 173

学部長としての移籍と労働組合の有無——福島佳子（アメリカ・ハワイ大学ヒロ校） 182
自慢でなく等身大に伝える力を——河村耕平（イギリス・エジンバラ大学） 186
就職はゴールではない——榊美知子・村山航（イギリス・レディング大学） 192
理論と実験の交流——岡隆史（ドイツ・マックス・プランク研究所） 195
非英語圏の大学で現地語で授業も——名越絵美（スイス・ジュネーヴ大学） 200
研究室の雰囲気を知ろう——御手洗菜美子（デンマーク・ニールス・ボーア研究所） 204
強いメンタリティを——齋藤敬（オーストラリア・モナッシュ大学） 208
教える楽しさも実感——石黒正晃（韓国・ソウル大学） 212
研究資金の豊富さ——森政貴（シンガポール・シンガポール国立大学） 216
多様性の高さ——小林哲郎（香港・香港城市大学） 222
中国というキャリアパス——河野洋治（中国・中国科学院・上海ストレスバイオロジーセンター） 226
期待される「数字」——高畑亨（中国・浙江大学） 229
欧米型の昇進システム——仲澤剛史（台湾・国立成功大学） 235
マヤ文明に魅せられて——鈴木真太郎（グアテマラ・デルバジェ大学） 239

終章　それぞれの道

第一章　海外の大学で働く？

日本の大学は今

二〇一七年四月、ある日本人研究者が発信した一つのツイートが大きなニュースになった。一橋《ひとつばし》大学の教員が、職を辞して香港《ホンコン》の大学に移籍することを発表したのだ。その理由として、給料が倍以上違うから、と言う。しかも、当人の川口康平《かわぐちこうへい》氏は、自分のことを「よくて中の上の研究者」だと言う。一橋大学は、研究者の多くが就職したがるような、言わずとしれた有力大学の一つである。川口氏の事例は、海外の様々な大学のほうが日本国内の有力大学よりも魅力的な就職先である可能性を示唆している。日本の大学での就職だけを考えがちな日本の研究者に一石を投じた、と言えると思う。それでは、給料以外の待遇や仕事環境はどうだろうか。香港以外の場所はどうだろうか。「よくて中の上」で海外に就職できたと言うが、日本人が海外の大学に就職することは、現実的にどれくらい可能なのだろうか。本書では、その可能性と実際を見ていきたい。

日本の大学の明るいニュースを聞かない。

私は平たく言うと東京大学の先生だった。職を辞してイギリスで大学教員になって五年になる。日本で長いこと大学教員をしていたので、今でも知り合いの先生がたくさん日本にいる。毎年日本に帰るたびに、あるいはどこかの国で行われる学会会場で、そのような先生たちと会う。いろいろな情報を教えてくれる。新しい研究をした、論文がいい論文誌に掲載された、誰々が大学に就職できた、昇進した、というのは明るいニュースだ。しかし、そのほかは、「明るい話がなくて……」、という結論になることが非常に多い。大学の予算が減り続けている、教員定数が削減された、非正規雇用が増えている、研究と授業以外の業務が増えた、昔より研究できない、戦力となる大学院生を確保しにくくなった、など。

良いことは忘れるいっぽうで悪いことは覚えていやすい、というのが人の性《さが》なのかもしれない。イギリスでも、大学の予算は急速に減っているし、ここ五年の間にも、私の業務量は明らかに増えている。しかし、日本の大学の苦境は数字に表れている。たとえば、先進国で、投資額当たりの質が高い研究成果の量において日本は三〇位というデータがある。日本発の論文の数やインパクトが、他の先進国、韓国、中国の伸びと比べて低下してきているというデータもある。

また、大学の世界ランキングでも日本の大学は低下傾向にある。日本でも毎年報道されるランキングに、Times Higher Education（THE）とQuacquarelli Symonds（QS）の二つがある。どちらのランキングでも、東京大学は長らくアジアで一番の座を保持していた。ところが、近年はそうではない。点数の計算方法が近年変更になった影響もあると思われるが、東京大学の二〇一八年のアジアでの順位は六位（THE）、五位（QS）である。東京大学より上には中国の大学などがいる。現在、日本の大学院は、多くのアジア諸国からの留学生によって支えられている。しかし、彼らが日本でないアジアの大学に流れていくようになるかもしれない。

こういった世相を把握することは、今どきの学生にとって容易である。学生は博士課程に進学しなくなった。優秀な学生は、修士修了までで就職することが増えた。修士課程修了者の博士課程への進学率は、ここ二〇年以上にわたって、おしなべて減少傾向にある。学年で一番優秀な人材がこぞって博士課程に進学したのは、昔の話だ。それも無理はない。どんなに努力研《けん》鑽《さん》して研究成果を出したとしても、博士号取得後に楽しい研究者生活が待っているという夢ははっきりと見えない。雇用は四〇歳を超えても不安定かもしれないし、晴れて終身雇用の教員になれたとしても、自分の理想とはほど遠い仕事が待っているかもしれない。あるいは、教授に昇進すれば理想に近づけるのだろうか。

日本で一番「頭のいい」人たちが、たとえば東京大学や京都大学に行くという常識すら、少しずつ通用しなくなりつつあるようだ。開成《かいせい》高校は、東京大学合格者数において三〇年以上連続で全国一を誇る進学校である。毎年一五〇人以上が東京大学に進学している。しかし、その傍ら、近年、海外の大学に進学する生徒が一％以上いる（二〇一五〜一八年の平均で年に五人）。そのなかには、世界的な評価で東京大学をはるかに上回るＵＣＬＡ（カリフォルニア大学ロサンゼルス校）やイェール大学なども含まれる。海外の大学に進学するには高い学費の問題がつきまとう。とはいえ、裕福な家庭は、子どもを東京大学や京都大学ではなくて、アメリカやイギリスの大学に送るようになるかもしれない。海外に行く日本人が減っていると言われるいっぽう、英語義務化などで日本人の留学熱はますます高まっているようにも見える。

なぜか「平穏」な日本の大学

このような混沌《こんとん》とした風景のなか、日本の大学における就職活動（就活）風景は、なぜか平穏である。ここで言う就活とは、研究者を志して大学の教員などになるための就活である。教員の定員数が減って内定を取りにくくなった、終身雇用ではなく任期付き雇用が増えた、とは言う。しかし、私にはそれでも平穏に見える。

日本の就活市場は、他国の就活市場からおしなべて独立している。

まず、海外の大学院を卒業して、日本の大学に先生として就職する外国人研究者は少ない。日本の大学の公募では、日本語に堪能《たんのう》であることが必須《ひっす》であることが多い。日本語が必須でない公募もあるけれども、そもそも日本で就職したいという外国人研究者をあまり見ない。少しずつ外国人を採用するようになってきていると思うが、話題にならない。外国人を雇うから日本人の採用枠が減って危機的だ、という話も特に聞かない。日本独自の就活や仕事の仕組みは、かなり緩やかにしか変化していないようだ。日本人の雇用を前提としているように、私には見える。

次に、海外の大学に先生として就職する日本人研究者も少ない。私のように日本の大学の定職を捨てて海外に行ってしまう人は、異端児扱いされがちだ。人材流出という単語は昔からあるが、それが話のネタにはなっても、本気で人材流出を懸念している人にはほとんど会ったことがない。逆に、海外の大学で先生やポスドク研究員（九ページで説明する）として働いている日本人が、日本の大学に就職したい場合はとても多い。

日本では、大学に就職すると言えば日本の大学を指す。日本の大学は、どんなに難しい現状や未来が仮にあったとしても、日本人研究者をつなぎとめることが上手である（ただし、日本の企業に対しては負け越しつつあるかもしれない）。日本という国が生活に便利な国であることも、その一因なのだろう。日本の大学が疲弊しているとニュースが言おうと、日本の大学の世界ランキングが落ちようと、日本人は日本の大学に職を求める、ということは、今のところ盤石に見える。

日本の大学が「平穏」ながらも少しずつ危機を迎えているかもしれないなか、世界の大学業界は荒々しく動いている。かつ、世界中がネットワークとしてつながっている。

アメリカ、イギリス、あるいはオーストラリアの大学は、中国の中産階級やお金持ちの学生を獲得しようと手を打っている。イギリスはEU離脱という爆弾も抱えているが、地中海諸国をはじめとして多くの国から優秀な研究者が就職してくる。こういった国の多くの大学は、中国、シンガポール、湾岸諸国などに、現地校、あるいは現地政府と合同でキャンパスを作って、人材の育成・確保にも精を出している。

いっぽう、中国、シンガポール、湾岸諸国などの大学は、資金力を背景に、優秀な研究者の獲得にも動いている。欧米的な大学運営や柔軟な給与体系などが理由で、中国やシンガポールの大学が、仕事環境や名声において日本の大学を大きく凌駕《りょうが》していくかもしれない。

日本人が世界の大学のこういった動きにあまり関心がないように見えるのは、気のせいだろうか。そもそも、お隣の韓国や中国の大学が運営されている仕組みが日本ととても異なる、ということすら、ほとんどの日本人研究者が知らない。研究室の教授にくっついた「助教」相当の職があるのは、東アジアからシンガポールまでの主要国を見渡しても日本だけであることを、どれだけの人が知っているだろうか。中国の大学運営が急速に力強く変化しつつあることを、どれだけの日本人が見ているだろうか。日本の経済と大学が長期的に停滞してしまうことが仮に起こったとしても、日本人研究者は、やっぱり日本の大学がいいよね、と判断し続けるのだろうか。

海外で研究者になるという選択肢

私は、このような日本の風潮に逆らって海外の大学に就職した。冒頭で紹介した川口氏のように、ほかにもそうする人はいくらかいる。

海外の大学に就職することの長所を挙げてみる。

若くして研究室を運営できる。最先端の研究者が周りに多い。研究資金が豊富。夏休みが長く、その間は研究や私事にまとまった時間を使える。会議など、組織のための業務が少ない。学会業務なども少ない。給与が高い。家庭や子育てと両立しやすい。年功序列ではない。ほかにもある。

実際には、これらのことは、海外の大学にむしろ当てはまらないことも多い。海外よりも日本の大学のほうが、自分の分野は研究力が強いかもしれない。海外よりも日本のほうが高給かもしれない。国や大学や研究分野に応じて、これらの長所の多くが当てはまる場合も、少ししか当てはまらない場合もある。一概に言えることは何もない。ただ、海外の大学では、これらの長所のいくつかを享受できる可能性が、まずまずある。

若くして独立して研究室を運営できること、会議が非常に少ないこと、大学院入試業務などで細切れにされないまとまった夏休みが取りやすいこと。少なくともこれら三つの長所は、多くの海外諸国の、多くの大学に共通して当てはまる。海外の大学に就職すれば、これらのことについては、比較的高い確率で期待できる。これらの長所に重きを置く人は、海外の大学への就職を考えてみてもいいかもしれない。

いっぽうで、海外の大学に就職した理由が、その長所と関係ないこともある。日本には職がなかった、夫婦両方が同じ大学で働けるのが海外だった、ボスに引っ張られた、日本に帰るのは何だか嫌だった、成り行き。積極的な理由で海外の大学に就職しなければいけないわけではない。むしろ、海外の大学に就職することが何ら特別な選択肢ではない、という時代になってくれるほうが私は嬉《うれ》しい。そのような時代の扉を開けるためにも、海外の大学の就活や仕事事情について、もっと情報や議論が欲しい。

海外の大学への就職は、謎だらけだ。就職活動はどのように行うのか？　就職した暁にはどんな仕事が待っているのか？　日本とどう違うのか？　日本より本当によいのか？　こういった情報は、ウェブ上に断片的には見つかる。海外の大学などに勤める日本人が立ち上げた情報交換のための日本語サイトも散見される。書籍もある。しかし、情報が少ない。そもそも試みる人が少ない。また、こういった日本語で得られる情報は、貴重であるものの、アメリカ、また特定の研究分野に偏っている。さらに、たとえばアメリカに早い段階（学部生や大学院生）で行ってしまった人は、逆に日本の大学の仕組みを知らないので、日米比較ができない。アメリカに早い段階で行った人が自身の経験をそのまま伝えても、日本に住んでいる人には参考にならないことが結構多い。前提条件が違いすぎるのである。

本書では、海外の大学に就職する、というキャリアパスを紹介する。そして、海外の大学の仕組みや、それが日本の大学ととても異なっていることを紹介する。イギリスに就職した私が自分の経験や見聞きしたこととして知っていることがらを述べるとともに、様々な国の大学や研究所に就職した一七人の日本人にインタビューを行った結果を収録した。

適切な準備を積み上げていけば、海外大学への就職は、多くの日本人にとって可能である。さらには、海外の大学に就職して働くために必要な準備や力量は、海外の企業で求められるものに多くの部分で共通するだろう。また、海外の大学で働くことは、教員の立場で現地人の学生や留学生に接することを意味する。したがって、海外企業就職や留学に興味がある読者にも本書は有用であると期待している。

用語説明

本書では、専門用語や難しいカタカナ語をなるべく排除して叙述した。ここでは、それでも残さざるをえなかった、頻出する七つの言葉について説明する。

ポスドク：博士課程を修了し、博士号を持っていて、教授など（次に説明する「ＰＩ」）の下で給料を得て研究に従事している研究者。postdoctoral researcher の略。典型的には二、三年間契約であり、複数のポスドク職を渡り歩くことは珍しくない。博士号をすでに持っているので、ポスドクは大学に学費を払わない。なお、修士課程・博士課程在籍中の大学院生は学費を大学に納める必要があるが、海外では、教授などが、自分で獲得した研究費から大学院生の学費と生活費を拠出することが多い。

PI：大学への就職とひとくちに言っても、いくつかの種類がある。本書で説明する就職先は、大学か研究専門の研究所（日本では理化学研究所が例）である。そして、本書で目標とし、解説をする職は、研究室のボス職である。ボスは、それが大きい研究室だろうと小さい研究室だろうと、自分のしたい研究を行う権限を持つ。いっぽう、論文生産や研究費獲得などに責任を持つ。大学ならば、授業、大学の運営業務などにも携わることが普通だ。一般的に、このようなボスは、ポスドク研究者と大学院生を配下に持つ。

本書では一貫して、このようなボス職のことをPI（ピーアイと読む。principal investigator）と呼ぶ。「研究者」という単語だと、PIの部下であるポスドクなどの人も含んでしまう。研究者の一部のみがPIである。研究グループ・リーダー、と言ってよい。研究室主宰者と訳されることもある。研究所によっては、PIの正式名称が「チーム・リーダー」などとなっている場合もある。

PI＝大学・研究所の、研究室主宰者

PIは一国の城主だ。お城のなかのことは、基本的に自分で決めることができる。他の城に攻められて滅ぶなら、それは自己責任である。他の城と同盟を組むのも割と自由だ。城は大きいとは限らない。ただ、地方のどんなにさびれた城でも、自分の研究の運営をだいたい自分で決めることができるならば、それは城主である。教授は、どの国でも普通ＰＩである。准教授や助教がＰＩであるか否かは、国などによる。

本書は、海外でＰＩになるための就活と就職後についての本である。

私たち研究者は、競争的研究費を申請する場合にも、ＰＩという言葉を使う。その研究費の主責任者という意味である。研究室主宰者の意味でのＰＩでなくても、研究費の主責任者であるＰＩになることができる。たとえば、ポスドクは研究室主宰者の意味でのＰＩではないが、日本では研究費におけるＰＩになることができる。ただし、本書で扱うＰＩは、この研究費のＰＩという意味ではなく、研究室の城主という意味でのＰＩである。

テニュア：終身在職権と訳される。大学で職につくとき、最初は〇〇年契約、と決まっていることが多い。これは「テニュア」を持っていない状態である。アメリカでは、就職してから約六年後にテニュア審査がある。その人を終身雇用にしてよいかどうかを、六年間の実績に基づいて大学内で判定する。この六年間をテニュア・トラックと言う。この審査に合格すれば、その人は晴れてテニュア付きとなる。テニュアを持っていれば、首にされずに定年まで（定年がないこともある）ずっと大学にいることができる。いっぽう、テニュア審査に落ちれば、大学を追い出される。したがって、テニュアをもらえるかどうかはＰＩ人生の一大事である。有期雇用で働いている日本の社会人が、終身雇用付きの正社員に昇進したい気持ちと似ていると思う。

カウンター・オファー：あなたが内定を二つの大学から得たとする。あるいは、すでに定職を持っている状態で、他の大学から内定を得たとする。このとき、多くの国（ただし、日本を含まない）では、片方の内定をちらつかせて、もう片方の相手に、給料を上げてほしい、准教授であるのを教授に格上げしてほしい、といった交渉を試みることができる。オファーとは内定のこと。まさにカウンター・パンチのようなカウンター・内定を大学に対して見舞う。

インパクト・ファクター：研究者は論文を書いて世に発表する。論文は何かしらの論文誌上で発表するのだが、同じ分野に限ってもたくさんの種類の論文誌がある。これらの論文誌は、趣向が少しずつ異なるだけでなく、それぞれに格がある。代表的な格付けがインパクト・ファクターであり、各論文誌の格が数値化されている。『ネイチャー』のような高名な論文誌は、他の平均的な論文誌よりも一〇倍も高いようなインパクト・ファクターを持つ。インパクト・ファクターの高い論文誌に掲載された論文は、インパクト・ファクターの低い論文誌に掲載された論文よりも格が高いとされることが多い。このことから、賛否両論はありながらも、インパクト・ファクターは、研究機関や研究者個人の審査にもしばしば用いられている。

学振：日本の主な競争的研究費を管轄している団体である日本学術振興会を指すこともある。ただ、多くの場合は、学振と言えば日本学術振興会の特別研究員制度のことを指し、本書でもこの意味でのみ用いる。給料と、毎年一五〇万円以内の研究費を受け取ることができる。主にＤＣ１、ＤＣ２、ＰＤの三種類がある。ＤＣ１は博士課程三年間。ＤＣ２は博士課程の二年目、三年目、博士号取得後一年のポスドク、の合計三年間。ＰＤはポスドクで三年間。どの種類の場合でも、学振の特別研究員は、国内の大学等に所属する。ただ、三年間のうちの最大二年間を海外の研究室で過ごすこともできる。

海外学振：日本学術振興会の海外特別研究員制度のこと。二年間、海外の研究室を指定して、そこで研究を行うことができる。応募して採用されると、年間五〇〇万〜六〇〇万円程度の滞在費・研究活動費と、それに加えて往復航空費が支給される。月額で手取り三〇万以上にはなるので、これだけでポスドクとして生活することができる。また、たとえば助教が獲得すれば、助教として大学からもらう給料とこの滞在費・研究活動費を両方受け取ることができる。博士号取得後五年未満であること、一人一回だけ、という制限がある。学振ＰＤと海外学振は、若手研究者が日本側のお金で長期海外滞在をするための主要な手段である。

第二章　海外ＰＩになるには

どうやるの？

海外の大学、特に研究を行える時間が十分にあるような大学に就職するためにはどうすべきだろうか？　日本ならば、研究業績（理科系の場合は論文）とコネがかなり大事であるように思う。海外も同様だろうか？　たしかに研究業績は大事だし、コネもしばしば有効だ。ただ、最初に認識すべきは、世の中は「この人は研究が素晴らしいから採用しましょう」という仕組みでは動いていない、ということである。採用側には様々な思惑がある。コネの要因がない場合でも、研究業績が素晴らしい人から順番に内定しやすいわけでは決してない。

海外ＰＩ就活には、やり方がある。国、大学、分野ごとの慣習もある。採用側の思惑もバラバラである。同じ大学の同じ学部でも、年によって異なることすらある。採用委員が入れ替われば、方針も変わるかもしれない。

本章では、海外ＰＩ就活の全体像と詳細を紹介する。ただし、私が知っている範囲に限ってである。次章のインタビューで登場していただく方々が、国、大学、分野ごとの個別性や私と異なる考え方について語ってくれるだろう。

ＰＩ就活は、かなりの部分が情報戦だ。情報は、一般的なＰＩ就活のやり方についての情報と、個別の公募についての情報に分けられる。いっぽう、公募に応募する人（以下、候補者と呼ぶ）が採用側に対して行うことは、正式には、応募書類を送ることと面接を受けることの二つのみである。本章では、まず応募書類と面接について詳しく説明する。次に、それを踏まえて海外就活の心構えや準備の仕方について考えてみる。

ほとんどの公募で提出させられる書類は、研究説明書、教育説明書、推薦書、履歴書、カバーレターの五つだ。当然、全て英語で書く。まず、これらの書類を一つずつ説明する。これらのどの書類にも、成功するための決まった書き方はない。成功例や書き方について参考になるウェブサイト（主に英語）や文書（日本語）を巻末の参考文献に挙げた。

研究説明書

自分の研究を、研究説明書で説明する。採用側は数百人分もの応募書類と格闘していることが珍しくないので、長すぎないようにする。Ａ４で五～六ページ程度のことが多い。六ページまで、あるいは二ページまでと制限が課される場合もある。

研究説明書には、特に決まった形式がない。何を書く、書かない、という決まりもない。だが、どのような書類でも、読み手がいて、読み手には時間がないのが世の中の常である。採用側は、一人の書類を見るのに一分しか費やさないかもしれない。六ページ程度と言いつつも、最初の部分しか読まないかもしれない。これは、就活の書類のみに当てはまることではなく、研究費申請書の作成にも、日本の場合にも共通する。これを、「みなさん忙しいので」仮説と名付ける。

いっぽうで、候補者が、選考の序盤ではふるい落とされずに中盤まで生き残ったとする。すると、研究説明書をより詳しく読む採用担当者もいるかもしれない。したがって、穴がなく、全部読んだ場合にも読んでよかったと思われなければならない。

この書類には、過去の研究と未来の研究について書くのが自然だ。架空の例を図1に示す。未来の研究については、アメリカでは特に、候補者がそこに書いた研究計画によって競争的研究費を獲得できるかどうかが評価される、とよく言われる。

一流論文誌に論文が掲載されそうな研究計画ならば研究費を獲得できる、とは限らない。一流の学術雑誌に論文を出したという実績も、次の研究費獲得へのパスポートではない。応募先の国では研究費がどのように分配されているのかを知り、どのような研究費公募を狙《ねら》っていくのかを、少しでもいいので研究説明書に書くことが望ましい。このことは、面接に呼ばれた場合にも共通する。〇〇の研究計画で△△という種類の研究費に応募したい、というような具体的な回答が望まれるようだ。

Company
JPY 30,000,000 (approx. £200k), 2008–2012

- Synchronisation dynamics on complex networks, funded by Japanese Agency
JPY 15,000,000 (approx. £100k), 2005–2008

研究課題は１つだけでなく２〜３あるほうがよいだろう

Mathematical biology, particularly evolutionary games: In mathematical biology, my interests include theory of cooperation in social dilemma games.

In fact, I think my strongest contribution in mathematical/computational biology is on the development of ABC analysis methods.

External funding I have acquired in mathematical biology includes:

- Reputation helps cooperation, funded by Japanese Agency
JPY 10,000,000 (approx. £65k), 2006–2012

C. Research Plan

これからの研究方針について概説する。
研究費を獲得するための計画についても

I see network science in its current form limited. Furthermore, current hot topics in network science such as time-varying networks and multilayer networks need new technologies. I believe that next breakthroughs would come from this and that.

My research goals for the next 10 years stand on these considerations. I propose the following research agendas.

Superdynamics of networks: Modern networks are complex. However, methods to analyse networks are limited. Therefore, I will develop DEF methods. Some of the challenges I am going to address regarding these methods include understanding of biological data.

Target funding sources will include British Agency.

（略）

References

[1] Ito, Masuda, Shinomiya, Endo and Ito. **Current Biology,** 23, 644 (2013). (IF = 8.9)
[2] Takaguchi, Nakamura, Sato, Yano and Masuda. **Physical Review** X, 1, 011008 (2011). (IF = 12.8)
[3] Ueno and Masuda. **Journal of Theoretical Biology**, 254, 655 (2008). (IF = 2.1)

図1　研究説明書の例

Research Statement　研究説明書のタイトル

Naoki Masuda
Department of Mathematical Engineering
University of Football

A. Research Philosophy　研究の方向について概説する

I have worked in broad research areas as described below. Largely, my individual research topics belong to either network science or mathematical biology. The common thread penetrating my research topics in the last five years is network dynamics.

My analytical approach is to use linear algebra. As a result of such approaches, degree analysis and community analysis are my two pillar methods for modelling and looking at data. I am also developing and using time series analysis.

B. Research Accomplishments　これまでの研究成果について概説する

My main research so far can be summarised into two main streams: (1) network science, particularly contagion processes, and (2) mathematical biology, particularly evolutionary games. Highlights of some selected projects, including those not covered in the following, are found on my website (and the publication list in the CV).

研究成果について個別に詳説。獲得した研究費についても

Network science, particularly contagion processes: Network science sparked around two decades ago. It has clarified various properties of real-world networks, invented various algorithms, elicited new mathematical modelling and provided new questions for pure mathematicians.

I have been working in a lot of dimensions in network science, including analysis of biological data [1] and social data [2] to name a few.

I am probably the most known for studies of time-varying networks. These processes are an important subject of study because many of the results accumulated for static networks do not easily carry over to time-varying networks. For example, infection pathways differ between the case of static and time-varying networks (Figure below). We have invented a method using information theory to quantify non-randomness in sequences of events in time-varying network data [2].

（略）

External funding I have acquired in network science includes:

- Dynamical processes on time-varying networks, funded by Japanese

ただし、国ごとの違いがかなりある。研究費獲得の実績よりも研究内容や既発表論文の数、他の論文に引用された回数、研究業界へのインパクトを重視する国もある。中国の大学の場合、よく耳にする。

研究説明書が一つの物語になっていることも大事だ。六ページの文章に、あれもやった、これもやった、と盛り込みすぎると、読むほうは分かりづらいだろう。研究説明書を通じて候補者という一人の研究者が採用側の脳裏に浮かび上がってくると、さらによい。もし候補者が、一つの課題を深めるよりも多彩に研究を行う型の研究者であるなら、研究説明書においてはいくつかの自分の研究分野を切り捨ててあえて書かないほうがよいかもしれない。器用にいろいろ行えることは両刃《もろは》の剣だ。特に、「オンリーワン」を重視するアメリカでは、その傾向が強いかもしれない。

私は、現職には採用してもらえたのだが、研究説明書を上手に書けなかった。どう下手だったかと言うと、総花風、箇条書き風にしてしまって、全く物語になっていなかった。この失敗の理由は二つある。一つ目は上手に書くための情報の欠如である。二つ目は私が研究者としての大きな羅針盤を実際に持っていなくて、場当たり的にいろいろな研究をしていたからである。正しい書き方の情報を持っていたとしても、当時の自分では、一つの物語を紡ぎ出すことは難しかっただろう。しかし、誰かに私の応募書類一式を送ってダメ出ししてもらうべきだった。

研究説明書を書く以前に考えるべきこととして、候補者の分野と、採用側が希望する分野の合致は重要だ。公募ごとに、分野や要求は少しずつ異なる。まず、採用側の学科にいるPIたちがその学科や公募の方向性を決めるので、学科や個々のPIのウェブサイトを丁寧に調べよう。すると、相手学科に知り合いがいなくても、その学科がどのような学科で、公募がどのような色を持っているのかがかなりの程度分かるはずだ。次に、採用側の学科が、どんな人材を採用したいかを調べよう。採用側は、新しい方向に進むために特定の分野の研究者を採用したいかもしれない。このことは、公募書類（A4で一ページ程度に過ぎない）に書いてあることが多い。採用側には必ず意図がある。

したがって、候補者がある公募向けに書いた研究説明書は、他の公募に対しては最適ではない。たとえば、私は「ネットワーク科学」という分野の研究者である。応用数学科に応募する場合、数学・数理に重点が置かれている公募と、データ解析に重点が置かれている公募がある。前者の種類の公募に出すときにデータ解析や応用について語りすぎたら、私は「あまり数学的ではない」という烙印《らくいん》を押されて簡単にはねられる。逆に、後者の種類の公募に出すときには、データ解析や応用分野を語らなければ勝ち残れない。また、生物現象のデータ解析や数理モデルの専門家を探している公募と、社会・経済関係のデータ解析や数理モデルの専門家を探している公募がある。私は、どちらも中途半端に研究しているので、どちらの公募にも出せないわけではなかった。しかし、どちらかに焦点を当てた研究説明書を書いて、合致する公募に出すほうがよいだろう。

自分の見せ方を公募ごとに変えることができる人は、応募できる公募の数が増える。自分が主戦場だと思っていた公募にはことごとく落ちたが、自分をうまく変化させて出した公募だけに通った知人がいる。彼は、ＰＩになって幸せにしている。したがって、正論としては、自分の売り方を公募ごとに変えるほうがよい。ただ、それはしんどい。一度完成した研究説明書を、公募ごとに最適化するのは結構大変な作業である。特に、研究説明書の色を変えるには、一つ

図２　教育説明書の例

全体で２～３ページにまとめる

「みなさん忙しい」仮説によると、２ページも読みたくない審査員もいるかもしれないので端的に示すことが重要。この冒頭部分に印象の強い材料を集めて概要の段落としてもよい。教育の哲学を書くべき、と言う人もいる

どういう授業を教えてきたか、教えることができるかを書く

どんなことに気をつけて教えているか。授業を飽きさせない工夫の具体例をあげたり、こんな教育の訓練を受け、こんな資格を取った、という客観的な証拠も書くとよいだろう

学生のメンタルを助けるために一緒にご飯に行く、など実践していることを説明してもよい。授業や研究とは異なる仕事だが、これも教育に含まれる

日本語の書籍だが、どんな本で、何部売れて、どんな効果があったかを説明。日本語の業績について書くことの良し悪しは、よく分からない

Teaching Statement

Naoki Masuda
Department of Mathematical Engineering
University of Football

I have taught as Associate Professor at the University of Football for 15 years. My department is practically an applied mathematics department. Therefore, as a full-time tenured academic, I have regularly been involved in mathematics education. My teaching philosophy and some of teaching practicals are discussed in the following.

Subjects I can teach: I taught pure math (topology and tensor analysis) and network science to undergraduate students. Therefore, I have sufficient experience in teaching pure and applied mathematics, computation and other modules to a diversity of audience. To summarise, I am happy to teach various mathematics and computation modules. I am glad to teach whatever asked, including modules not directly related to my research interests. For example, currently I sincerely enjoy teaching linear programming. In addition, I am also interested in developing courses close to my expertise, such as network science, evolutionary game theory, and mathematical/computational biology.

Teaching methods: Many students in my courses are not mathematics major. This fact has helped me to improve my teaching skills.
（略）

Mentoring: I have been supervisor of ten postdocs, five PhD students, and many master course and undergraduate students for their thesis work (CV has more details).
（略）

Teaching materials: I have developed the following teaching materials in network science, albeit in Japanese. I published two textbooks on network science in 2005 and 2010. They sold more than 10,000 copies in total. The 2010 book serves as the standard textbook when other teachers teach networks in Japan at a higher undergraduate to PhD level. I have also published three monographs on network science in 2006, 2007 and 2012, targeting general public audience in Japan. They sold more than 30,000 copies in total.

の段落をいじれば済むわけではない場合が多い。なぜなら、全体として一貫性のあるお話になっている必要があるからである。自分の論文を研究説明書内で引用する場合も、自分のどの論文を引用して相手に見せるかは、公募ごとに異なってしかるべきだ。研究費獲得計画の記述も、相応に異なってくるだろう。

各公募に最適化した研究説明書を書くべきか否かには、答えはない。私はしなかった。各公募への最適化として対処しやすいのは、学術論文の提出だ。自分の主な論文を五編まで提出して下さい、と言われることがある。自分がベスト五だと思う論文と、先方に提出するべき五本の論文は、たいてい異なる。格の高い論文誌に掲載されたか否か、は一つの基準であるが、分野や公募との合致度が、論文誌の格に勝るとも劣らないくらい大切だ。私の場合で言うと、数学寄りの公募に対してデータ解析だけの論文を提出するのは得策でない。

教育説明書

教育説明書には、教育経験や教育の計画を書く。A4二ページまで、などと決められていることがある。そうでなくても、研究説明書よりは短く、二、三ページにおさめる。例を図2に示す。

海外のほとんどの大学は、教育能力もPIの重要な技能であると考えている。学生からの授業評価がボーナスや昇進審査に反映される国は多い。研究よりも教育を重視する大学ではなおさらだ。

教育と言うと、授業と同義であると思われるかもしれない。私も、イギリスに来た当初はそういう勘違いをしていた。しかし、教育説明書、あるいは海外の大学において期待されている教育とは、単に授業を行うよりも広い意味である。卒業論文や修士論文も含めて学生の論文を指導した経験や、一般人向けのワークショップも含まれる。また、研究者や大学院生向けの研究会・学会において分野を概括する講演を行うことも、教育的要素を含む。本を書くことも、教育の項目として数えられる。これらの項目を、過去のことについては、事実重視で書く。

教育の哲学を書くのがよい、とも聞く。教育哲学が何を指すのかは、分野によってかなり異なるだろう。私もよく分からない。私の場合には、「応用数学を本当に身につけるためには、座学と実践を組み合わせることが必要で、特に実践では学生が何々を会得できるように……」といったことを書いた。

推薦書

推薦書を通常三〜四人に書いてもらうことになる。例を図3に示す。日本では推薦書がしばしば形式的だが、海外のＰＩ就活では推薦書はとても重要だ。推薦書の内容は、書き手が海外の大学に属しているＰＩ（特に教授）であれば、慣れているはずなので任せておいてよい。候補者自身が想像も及ばないような素敵な推薦書を書いてくれることもよくある。なお、アメリカでは、「推薦書のうち少なくとも一つは、候補者の教育経験に触れること」となっている公募もある。

誰に推薦書を書いてもらうか。日本の大学で博士号を取ったなら、大学院の指導教員に一通お願いしよう、と普通は考えるだろう。しかし、そうしないほうがいい。大学院の指導教員や、日本の大学に所属する日本人の先生には書いてもらわないほうがいい。理由は二つある。

図3　推薦書の例

候補者の長所を具体的に述べる。
候補者と自分の関係を書くのもよいだろう

この候補者が採用側に何をもたらしうるかについて述べる

証拠に基づいて候補者の強みを述べるのもよい。ここでは掲載論文の意義や共同研究者の幅広さなどについて述べている

University Logo University of Bristol

Naoki Masuda, Dr

Naoki Masuda, Senior Lecturer
Department of Engineering Mathematics
University of Bristol
Merchant Venturers Building, Woodland Road,
Clifton, Bristol BS8 1UB, United Kingdom
Phone: +44 (0) 117 33 15176
E-mail: naoki.masuda@bristol.ac.uk
URL: http://www.naokimasuda.net

January 1, 2019

Dear Sir/Madam,

I am pleased to write this letter on behalf of Dr. Alice Jones, who is applying for the Assistant Professor position in the Department of Mathematics at the University of Rugby. I am Senior Lecturer at the University of Bristol, UK, and have been Alice's collaborator for five years. She is a regular visitor to my laboratory and we have published three papers together on network science. Therefore, I know her capability in research as well as collegiality and leadership.

She has been trained as applied mathematician and mainly works in the field of （略）. Her main research was on coevolutionary networks, each paper of which has been cited more than 300 times (Google Scholar). She is continuing to work on coevolutionary networks. However, I see her real potential strength in her most recent work on supernetworks. I recommend her to the advertised position for the following reasons.

First, she has an excellent, international track record, particularly on coevolutionary networks. She has many high-calibre journal publications (Nature, Science). Her collaborators exist in various parts of the world, from the UK, Japan, Canada and Africa. Importantly, many of these connections have been pioneered by Alice herself, rather than by her mentors, and are also orthogonal but complementary to the connections that your department has. Having her in your department will imply that she can develop （略）. In this way, she has strong lines of research that would be popular to funders, as well as journals and students.

Second, she will be a good teacher. Her mentoring skill and experience are also notable. She has supervised three students, which led to two journal papers.

To sum up, she is unique in her attractive research area （略）. Therefore, I am more than happy to support her application.

Sincerely,

Naoki Masuda, Dr

一つ目の理由は、その名前が採用側に響かないことである。先方は、国際的に活躍できる人や、自分の国（採用側がアメリカならアメリカ）で活躍できる人を探している。「あなたの指導教員から推薦書が来ませんでしたが、仲が悪いんですか？」なんて器の小さいことは、多分気にしていない。博士号を取ったばかりの人ならばともかく、そうでなければ、日本の指導教員で推薦書の一枠を埋めるのはもったいない。ただし、指導教員の名前がアメリカでも轟《とどろ》いている場合や、指導教員が採用側の知り合いである場合は、例外である。

二つ目の理由は、日本のPIは、いい推薦書の書き方を知らない人が圧倒的に多いことである。私も、イギリスに来て数年経《た》つまで分からなかった。「証拠や比較に基づく記述」、「印象づけること」、「できれば、その公募や当該学科に訴えかける何かを書いてもらうこと」などが大事だ。推薦側の熱意も、文章に乗り移って先方に伝わるだろう。書く側は結構な時間を使う。私は、アメリカにいる共同研究者に推薦書を頼んだときに「共同研究から何年か経ったので、君の最近の論文をいくつか送ってほしい」と頼まれた。偉い教授が、そこまで私のことを勉強し直して推薦書を書いてくれるのだ。感動する。日本で先生方に推薦書をお願いすると「書くけど、下書きをして送って下さい」と言われる場合がかなり多い。しかし、外国では推薦書の下書きを候補者に頼む人はほとんどいない。推薦というのは、重い行為であるようだ。

書いてもらえないときは、お願いのメールに返事が来なかったり、すげなく断られたりする。書けないのは、先方が忙しいというよりは、候補者をそこまでよく知らない、という理由が多いように思う。近い友だちや弟子に頼まれれば、どんなに忙しくても推薦書は書く、という人が多い。候補者をよく知らなければ、いい推薦書を書くのは難しい。私も、他人のポスドクやPI就活のために推薦書を書くことがあるが、少ししか知らない知り合いに頼まれることがたまにある。そうすると、私は、引き受けるけれども、力を入れて書けない。なにせ研究も人格もそんなに知らない相手なのだ。学会などで会って何度か簡単な話をしたことはあるが、深い研究議論をしたこともなければ、一緒にお茶やご飯をしたこともない。仲が良いとも特に言えない。

候補者は、こういう事態を避けなければいけない。本気で推薦書を書いてくれて、国際的な推薦書の書き方を知っていて、かつ、自分を何らかの意味で十分に理解している。そして、有名な人ほど望ましい。日本の大学以外で、そういう人を数人確保したい。推薦人は、候補者の研究内容や経歴をつぶさに把握している必要はない。そういう人はあまりいない。候補者のある特定の側面についてしっかり書いてくれればいい。

まず、海外で博士課程、ポスドク、研究滞在などをしていた（している）なら、そのボスは、有名かどうかにかかわらず有力候補だ。次に、海外と共同研究をしているなら、その共同研究者も有力候補だ。海外の人と共同研究以外の何かを共同でしている（ワークショップを一緒に開催する、研究講演会に招待し合っている、何かの相談をしている、研究費の応募を一緒に出した、など）ならば、その人も候補になりうる。また、採用側が知っている人を推薦人にできるなら、確実に有利だ。

これらの人間関係は、どれも一朝一夕には作れない。したがって、あなたがこのような推薦者を三人くらい思いつかないのならば、まだ海外PI就活をするための機が熟していないのかもしれない。欧米だけでなく、アジアの国々のPI就活でも、推薦書はおしなべて重視されている。

適切な推薦書を三つ程度集めることが難しいならば、推薦書を数年後に書いてもらえそうな行動を始めてみよう。共同研究を模索する。海外の研究室を数日でも訪問する。学会に行って積極的に人と話す。なお、国際学会に行っても、発表をして帰ってくるだけでは、人とのつながりを作れないので効果がない。

研究説明書と同様に、公募が異なると、理想的には推薦書も異なるべきだ。たとえば、私が応用数学的な公募に出す場合とデータ・サイエンス的な公募に出す場合、推薦者に強調してもらいたい点が異なる。応用数学の場合は、数学的な深みや、私が作った理論の意義などである。データ・サイエンスの場合は、こういうデータを解析してこういう面白い知見が出てきた、企業や他分野の研究者とこんな共同研究をした、ということを強調してほしい。ただ、このような最適化を行い出すと、公募ごとに推薦書を書いてもらう必要が出てくる。私の場合、一つの公募で必要な推薦書が三通ならば、うまく使い回したとしても合計で七、八人の推薦者が必要になる。私は推薦書の最適化は行わなかった。たとえば、「数理生物学」という私の分野の一つで公募が出ても、数理生物学で私に推薦書を書いてくれる人（二人程度）が思いつかなかったのである。

履歴書

必要な提出書類のなかで、多くの好例をインターネットで発見できる唯一の書類が履歴書である。実例を図4に示す。研究者の多くは、履歴書をウェブサイトに載せている。履歴書は、就活のために最適化する必要がないと思う。ウェブで見つかる各人の履歴書は、もしその研究者が他大学のPI公募に応募しようとするならそのまま使える、と考えてよい。履歴書は、就活以外の目的でもしばしば提出させられるし、他人は見たがるので、常に新しくしておくことは理にかなっている。私も自分のウェブサイトに置いてある。

履歴書の例を一〇通くらい見ると、何を書くべきか、また、自分の好みの形式が見えてくるはずだ。名前や所属といった基本情報、学歴、職歴、研究費の獲得実績のリスト、論文リスト、獲得した賞のリストは必須だろう。それ以外の項目は、人によって差がある。日本の就活で用いる履歴書のような定形はない。唯一の規則は、客観的な情報のみを書くことであろう。「何々の論文を執筆中である」という項目を書く人がいるが、やめるほうがいい。なぜなら、その執筆中の論文は永久に完成しないかもしれない。共著者が何かの理由で逃げ出してしまうかもしれない。

Amount: £34,928 (£32,721 to my group)
Role: PI (CoI: Lorenzo Livi, University of Exeter; Jiaxiang Zhang, Cardiff University; Tiago de Paula Peixoto, University of Bath)
（略）

Professional Activities

Referee for Peer-Reviewed Journals ——論文誌審査員の実績

More than 70 journals including Biology Letters, （略） For a full list, see www.naokimasuda.net/publ.html.

Editorial Work ——論文誌編集委員の実績

01/2019–present Associate Editor, Journal of Complex Networks
03/2018–present Editorial Board, Journal of Physics Communications
05/2014–present Editorial Board, PLOS ONE
01/2014–present Editorial Board, Scientific Reports
06/2013–present Review Editor for Frontiers Interdisciplinary Physics

Referee for Grant Applications ——競争的研究費審査員の実績

Engineering and Physical Sciences Research Council (EPSRC), UK
Fund for Scientific Research–FNRS, Belgium
（略）

Academic Services ——学会の運営委員などの実績

Program Committee Member
Complenet'19
Tarragona, Spain, March 18–21 (2019).
（略）

Teaching ——授業の実績

University of Bristol

Numerical Methods in MATLAB (for second year undergraduate, EMAT 20920) 10 CPs
Autumn 2014, Autumn 2015, Autumn 2016, Autumn 2017
（略）

University of Tokyo

4860–1005: Mathematical Structures in Informatics (for Ph.D. and M.Sc students):
（略）

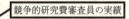

図４　履歴書の例

Naoki Masuda ― 氏名

Contact Information ― 現在の連絡先

Dr. Naoki Masuda
Department of Engineering Mathematics, University of Bristol
Merchant Venturers Building, Woodland Road,
Clifton, Bristol BS8 1UB, United Kingdom
Tel: +44(0)117 33 15176
Email: naoki.masuda@bristol.ac.uk
Website: www.naokimasuda.net

Professional Positions ― 職歴。長くなっても全部書く

03/2014-present Senior Lecturer (tenured)
Department of Engineering Mathematics, University of Bristol, UK
09/2008-02/2014 Associate Professor (tenured)
Department of Mathematical Informatics, University of Tokyo
10/2006-08/2008 Lecturer (tenured)
Department of Mathematical Informatics, University of Tokyo
04/2004-09/2006 Special Postdoctoral Fellow
Amari Research Unit, RIKEN Brain Science Institute, Japan
（略）

Academic Qualifications ― 学歴。大学学部以降だけでよい

09/2002 Ph.D. in Engineering, University of Tokyo, Japan
(Department of Mathematical Engineering and Information Physics)
Thesis title: "Duality of Information Coding in Pulse-coupled Neural Networks"
Thesis supervisor: Prof. Kazuyuki Aihara
（略）

Citation Statistics ― 論文の総被引用回数

Google Scholar Citations profile
Number of citations: 4400 (Google Scholar Citations)
h-index: 36 (Google Scholar Citations)

Grants ― 研究費の獲得実績

02/2019-09/2019
GW4 Accelerator Fund
Subject: Recurrence analysis for the characterisation and classification of epileptic patients

Japan Journal of Industrial and Applied Mathematics, 18, 129–158 (2001).

Books

著書

1. Naoki Masuda, Petter Holme. (Editors)
   Temporal Network Epidemiology.
   Springer (2017).
2. Naoki Masuda, Renaud Lambiotte.
   A Guide to Temporal Networks.
   World Scientific, Singapore (2016).

Book Chapters

書籍の分担執筆

1. Naoki Masuda, Petter Holme.
   Introduction to temporal network epidemiology.
   In: Temporal Network Epidemiology, Naoki Masuda and Petter Holme (Eds.), Springer, Singapore (2017), pp. 1–16.

(略)

Refereed Conference Papers

国際会議での発表

1. Masaki Ogura, Junpei Tagawa, Naoki Masuda.
   Distributed agreement on activity driven networks.
   2018 American Control Conference.
   Wisconsin Center, Milwaukee, USA, June 27–29, 2018.
   [Oral presentation]

(略)

Research Talks in Seminars (invited and in English only)

招待講演

School of Biological Sciences Research Seminar Series, University of Reading, UK. January 2018.

(略)

Miscellaneous

その他（何を書くか、決まりはない）

Languages: Japanese (native), English (fluent), Spanish (fluent).

Herd member: Saving Endangered Species Int'l Playwriting Prize (winning plays announced 02/2016)

Hobbies: Piano (Beethoven, Chopin etc.), salsa (dance), jogging (half marathon: 1h43m), swimming

Last updated: January 1, 2019

図4　履歴書の例（続）

Research Advising　博士課程学生やポスドクなどの指導実績

Thesis supervision

01/2018-present Elohim Fonseca dos Reis, University of Bristol (1st supervisor, 100%)

（略）

Postdoc supervision

University of Bristol

07/2018-07/2019 Alessio Cardillo (funded by Cookpad Limited)

04/2016-03/2019 Sadamori Kojaku (funded by CREST, Japan Science and Technology Agency (JST))

（略）

University of Tokyo

04/2013-02/2014 Takuya Machida (funded by Research Fellowships for Young Scientists (PD), Japan Society for the Promotion of Science)

（略）

As host researcher (at least 1 month)

Mr. Shun Kodate (PhD student, Tohoku University, Japan), September 13, 2018-March 12, 2019, hosted at University of Bristol

Graduate Program in Data Science, Tohoku University

（略）

Honours and Awards　獲得した賞

Junior Akira Okubo Prize 2019 jointly administered by the Society for Mathematical Biology and the Japanese Society for Mathematical Biology

Outstanding Reviewer Awards 2017

New Journal of Physics, IOP Publishing (awarded to 82 out of 1,507 reviewers).

（略）

Refereed Journal Papers　査読あり論文リスト

1. Takamitsu Watanabe, Geraint Rees, Naoki Masuda.
   Atypical intrinsic neural timescale in autism.
   eLife, 8, e42256 (2019).
   （略）

142. Naoki Masuda, Yasunori Okabe.
   Time series analysis with wavelet coefficients.

私の履歴書には、学生やポスドクの指導実績、博士論文審査員としての実績、研究費の審査員としての実績、主な論文誌の審査員としての実績、招待講演のリスト、編集委員をしている論文誌のリスト、主な国際会議の発表実績、などがずらずらと書いてある。これらの項目のなかには、あとから追加したものもある。就活は長丁場になりうるので、必須項目さえ書いてあれば、はじめから完璧《かんぺき》な履歴書を作る必要はないと思う。就活の途中で必要だと感じたら、その項目を足せばよい。基本的な項目が入っていれば、ほかの特定の項目の有無によって就活の成否が左右されることはあまりないと思う。

私の履歴書の末尾には、趣味が書いてある。趣味も客観的にスキルを書けば客観的な情報だろう、という私の自分勝手な基準である。趣味欄にハーフマラソンのベストタイムを書いた。現職の面接において、当時の学科長は、長距離をひたすら走る人で、一〇〇キロマラソンの大会にもよく出場している。彼は、後々、「ハーフマラソンなど、短すぎて正しい距離ではない」と言って切り捨てていた（もちろん、冗談で）。就活面接の食事会において、その学科長は私のベストタイムを話題にし「今までの数多くの候補者のなかで、マラソンのベストタイムを書いてきたのは君がはじめてだ」と言った。私は「調子に乗りすぎたか！」と密《ひそ》かに青ざめたが、採用された。

長いリストをだらだら書くのは、「みなさん忙しいので」仮説に反する。しかし、履歴書ではこの原則に従う必要がない。履歴書は普通長くなる。論文は全てを羅列せざるをえないし、研究費獲得実績や学生の指導実績等も同様だ。何年研究者をやってきたのかによるが、一〇ページを超える履歴書は普通だ。ただし、リストなので見やすいし、見やすいリストであるべきだ。基本的には何が書いてあるかが決まっているので、採用側は、情報をあまり落とさずに斜め読みしやすい。だから、長くてよい。

カバーレター

カバーレターは、日本語で添え状、送付状などと訳される。私は二〇年ぐらい研究者をしているが、「添え状」という日本語を本書の執筆ではじめて知った。この単語には、ちょっと添える、という雰囲気が漂う。送付状と言うと、昔ならファックス受信で最初に印刷される表紙のページに「〇〇が合計何枚です」と形式的に書かれていたのを思い出す。その表紙のページの名前が「送付状」だった。どちらにせよ、形式的で重要でない香りがする。しかし、ＰＩ就活のカバーレターは、推薦書と並んで重要度が高い。例を図5に示す。そして、日本人には文化的、慣習的理由から分かりにくい。

実は、研究者はカバーレターを書くことに慣れている。なぜなら、自分の論文を論文誌に投稿するときに、カバーレターを求められることが多いからである。ところが、日本では良いカバーレターの書き方を知っている人は案外少ない。分野や研究コミュニティによりけりで、カバーレターを書く技術が暗黙知としてうまく蓄積されている研究室や業界もある。カバーレターが重要な分野なのにそれを書く技術を持っていない研究室では、研究内容は良くてもカバーレターで損をしていることがある。

論文投稿のカバーレターとPI就活のカバーレターの役割は似ている。「みなさん忙しいので」仮説を思い出そう。審査側は忙しい。論文ならば、中身を全部読みたくない。就活ならば、カバーレターをほんの一分間だけ読んで、履歴書をちらりとだけ見て、他の書類にも目を通す

図5　カバーレターの例

1～3ページ程度

自分が所属する大学のロゴが入ったレターヘッド

応募者の氏名と連絡先

自分の略歴と専攻分野を書く。自分の強みを強調。ここでは、多様な研究分野を持ち、著名な雑誌に論文が掲載され、各国の研究者と共同研究をしていることを明記している

応募理由を挙げる。ここでは、当該学部が自分の専攻分野の中心地であり、自らの貢献が見込めること、また海外で新規に研究したいこと等を述べている

どうして自分が適任であるかを主張する。当該学科や他の学科のPIと共同研究できる可能性を具体的に述べる

University of
FOOTBALL

Naoki Masuda, Dr

Naoki Masuda, Associate Professor
Department of Mathematical Engineering
University of Football
1-7-1, Otemachi, Chiyoda City, Tokyo, Japan
Phone: +81-3-1234-5678
E-mail: masuda@football.ac.jp

January 1, 2019

Dear Director of Search Committee,

I would like to be considered for faculty position in the Department of Mathematics at the University of Baseball.

I am trained as applied mathematician and have worked on various research fields including network science and mathematical biology. My publications have appeared in a diversity of leading general-audience journals (e.g. Nature Communications), leading applied mathematics journals (e.g. SIAM Review) and leading journals in biology and mathematical biology (e.g. PLOS Computational Biology). Probably, I am particularly known for my work on contagion processes on networks. I have many collaborators in various countries and research areas, and have attracted more than £100m. I am confident in my teaching and mentoring skills as well.

Your department may be interested in me for two reasons. First, the department is a centre of complex network research. I am expert in the field and my strength is overlapping but complementary to that of other faculty members. Second, ○○○ .

I have been building a successful career in the Japan, surrounded by fantastic colleagues. However, I recently started to look for a position abroad.

I have been involved in various network science research, which is emphasised by the present job advertisement. I am interested in collaborating with the following faculty members at University of Baseball.

- Professor Isaac Newton (Department of Mathematics. We have common research lines in network dynamics).
- Professor Adam Smith (Department of Economics).

(略)

Looking forward to hearing from you.

Sincerely yours,

べきかどうかを判断するかもしれない。そうやって数百もの応募書類に対応する。とりあえずそう想像してみよう。

まず、論文投稿の場合を説明する。高名な論文誌は、中身を精査せずに「本論文誌としては興味がないので」、「本論文誌の水準には及ばないようなので」というように、詳しい理由を説明せずに私たちが投稿する論文を却下してくる。論文の中身は見ないで判断する場合が非常に多い。却下された理由を知ることができないので、失敗を糧にすることもできない。単なる時間と労力の無駄だ。この関門をくぐり抜けるために、一ページ程度のカバーレターに、「この論文の中身を読みたい」、「この論文は重要だ」と相手に思わせるような文章を書く。「みなさん忙しいので」カバーレターそのものが長くなってはならない。

就活のカバーレターの目的も、相手に「ほかの書類にもしっかり目を通したい」、「この候補者を残したい」と思わせることである。長さは一~三ページ程度だろう。

日本語の多くのウェブサイトは、「カバーレターは重要」と謳《うた》いながらも、形式論に終始しがちだ。確かに、連絡先が定形に沿って書いてあることや、結びの一句は大事だ。ただ、一番重要なのは内容である。

論文のカバーレターの良い書き方を知ると、就活のカバーレターの書き方も見えてくる。論文の良いカバーレターとはなんだろうか? 行った研究の重要性を知らせる、と述べたが、論文の重要性は、論文本体の冒頭に書くことになっている「概要」にも一段落程度で記述されている。ならば、「概要」の中身をカバーレターにコピーすればいいのか？

コピーしては失敗である。論文は公式な刊行物であり、未来に残る。読者層を踏まえつつも不特定多数の読者を惹《ひ》きつける書き方をしたいし、一定の作法もある。いっぽう、カバーレターは、公にならない。決まりもないので、もっと自由な記述が許される。自分の研究が重要であることを、何らかの統計や他人の論文を盾にして論じてもいい。考えられる波及効果について、論文に書かれているよりも大きな風呂敷を広げた議論をしてもいいかもしれない。しかし、技術的な詳細に入り込んで書くのは得策でない。たいていの人は、細かいことは知りたくないし、読みたくない。もっとも、あなたが編集委員の顔を知っているならば、編集委員が心を動かしそうな技術的なことについて少し書くほうが得かもしれない。結局のところ、人間が人間を判断するのだ。

これらの多くのことは、就活のカバーレターにも共通する。研究説明書、教育説明書、履歴書の三つが候補者の論文のようなものだ。これを売りたい。売るためにカバーレターと推薦書を使う。カバーレターには、研究説明書の要約をコピーするのではない。なぜ自分が相手学科にとって重要なのか、自分を雇うと学科にとってどういう得があるか、を特に書く。これらのことが、数字やほかの論拠に基づいて書かれていれば、カバーレターの説得力が増すかもしれない。採用側に属するPIたちと○○という共同研究ができる、という可能性に触れてもよいだろう。志望動機について語ってもよい。

履歴書と教育説明書は、普通は同じ書類を全ての公募で使い回せる。研究説明書と推薦書は、理想としては各公募に向けて調整したものを準備したいが、労力が高くつくことを述べた。カバーレターは、公募ごとに必ず調整すべきだ。研究説明書と比べると短いので、少なめの労力で調整できる。自己アピールは、その公募・学科に向けて行うものだ。そういう調整がなされていない、宛先を変えただけのカバーレターをいろいろな公募に送るのは、感じが悪いという以前に効果的でない。公募要項、採用側の学科のウェブサイト、どんなPIがいてどんな共同研究がありうるか、などをよく調べる。公募一つごとにこの作業を行うと、他の公募に使ったカバーレターがある状態から始めても、カバーレターの完成に半日や一日かかるかもしれない。

それでもやる価値がある。

ただ、カバーレターが重要だと力説する採用側経験者もいれば、カバーレターは足切り程度に使うと言う人もいる。やはり、書類に黄金則はない。

マイノリティへの配慮の書類

アメリカのPI公募では、「マイノリティ（少数派）の教育などにどう貢献してきたか、貢献するつもりか」を書類で提出させる大学がある。ここで、日本人としては、「私自身もマイノリティなので、マイノリティの気持ちが分かるので……」と書きたくなるかもしれない。しかし、そうしてはいけない。なぜなら、東アジア人は、アメリカの大学が定義するマイノリティではないからである。いっぽう、女性、黒人、ヒスパニック（ラテンアメリカ系）は定義上マイノリティである。アメリカ合衆国において東アジア人とヒスパニックのどっちが多いか、は関係ない。また、低収入の家庭の出身者や、親族のなかに大学に行った人が今までにいない家庭の出身者も、マイノリティの定義に含まれる。

この書類では、たとえば、このようなマイノリティの学生たちの勉強や大学生活をどのように支援していくか、を記述しよう。

一次面接

日本の大学では、「応募書類を紙で○月△日必着で郵送せよ」という公募がいまだに多い。「候補者の代表的な論文五本の別刷りを、六部ずつホチキス綴《と》じにして同封せよ」といった指示も多い。ＰＤＦファイルではいけないのか。紙だと、作業時間や郵送代がかかる。「返信用封筒と返信用切手を同封のこと」というのもある。海外から応募する候補者は途方にくれる。また、日本では、大学ごとに書式が異なっていて、各大学の公募に出すための書類の作り直しに時間を取られると聞く。内容の作り直しでなくて書式の作り直しに、である。

海外の大学では、途上国も含めて、応募書類の提出はネット上で済む。書類の形式は決まっていないので、内容を公募ごとに調整するために時間を取られるとしても、書式の調整に時間を取られることはまずない。ただし、研究説明書の長さを制限している公募はあって、その場合は、すでに作った書類を縮めるのに時間がかかる。

さて、書類提出を終えると、締切から数ヶ月以内程度で、次の段階に進んだ場合には連絡が来る。落ちた場合にも連絡が来るかどうかは、大学による。連絡がなかなか来ない場合に先方に問い合わせるのは、失礼ではないのだが無駄だと私は思う。連絡は来るときには来る。そして、倍率は一〇〇倍を超えることも普通なので、次の段階に進めないことが普通だ。私なら、出したあとは一切放っておく。

次の段階は、公募によって異なる。ロングリストとショートリストという概念がある。ロングリストとは、書類の一次選考に残ることである。たとえば、二〇〇人いた候補者が、ロングリストされて二〇人に絞られる。ショートリストとは、大学のキャンパスまで面接に呼ばれることである。イギリスでは、典型的には五、六人の候補者がショートリストされて、面接に呼ばれる。候補者をロングリストしたあとに、インターネット上でビデオ面接をしてショートリストする大学が多い。ロングリストしたあとに、ビデオ面接を行わずに書類をより細かく審査することでショートリストを行う大学もある。後者の場合、候補者側から見ると、書類を出したあと、残ればいきなり大学での面接に呼ばれることになる。

あるアメリカの生物系の公募で、候補が一〇〇〇人（！）いて、それを九〇人に絞り、次に二五人に絞り、ビデオ面接で一五人にショートリストし、一五人を大学で面接し、三人の採用を決めたそうだ。この場合、ロングリストが二段階だったということになる。私は、四〇件強の公募に応募して、六件ロングリストされ、三件ショートリストされて面接に呼ばれた。

ビデオ面接は一五〜三〇分程度のことが多い。スライドを用いて短い発表をさせる場合もあるし、そうでない場合もある。採用側は、質問のリストを事前に作っておいて、全ての候補者に同じ質問をしてくることがある。採用側のAさんがこの質問を行う、Bさんがあの質問を行う、と決めてあることもある。そして、ショートリストされたあとの大学での面接にも共通することとして、型にはまった質問が多い。そのため、前もって質問対策をする価値はとてもある。

なぜ応募したのか、研究費獲得のための計画、学内での共同研究の計画、あなたはどのようにオンリーワンなのか、うちで教えているどの授業を担当できるか、はよくある質問の例である。また、ビデオ面接の最後で、候補者から質問があるかどうかを尋ねてくるのが定石だ。このとき、候補者が何も尋ねないのは、先方への興味の欠如として解釈される。したがって、何かを尋ねなければならない。ただし、調べれば分かるようなこと（典型的な授業負担、学科が強い研究分野など）や、当たり前のこと、候補者が善き市民であるかどうかが疑われかねないことを尋ねてはいけない。採用側は、候補者が尋ねる質問の質も判断材料にしている。私は、学科が今後五〜一〇年でどういう方向に進みたいのか、学科が直面している困難は何か、の二つは尋ねるようにしていた。これらの質問は、私が本当に尋ねたいことである。候補者もまた、採用側の反応を通じて、採用側を品定めできる。

人文系では、以前は、誰もが参加するような大きな学会の会場や近隣のホテルで、ビデオ会議に相当する面接が対面で行われていた。現在では、ビデオ面接に置き換わったという分野がある。いっぽう、経済学や金融学のように、今でも学会で一次面接を行っている分野もある。

たとえば、経済学では、アメリカ経済学会の大会が毎年一月初旬に行われる。そこで一挙にいろいろな大学の一次面接が組まれる。採用側が、ホテルのスイートルームを予約しておいて、そのリビングルームで候補者たちを面接するという。

面接のびっくり

ショートリストされると、いざ面接に赴く。面接では、日本式にどっぷり染まっていた私には、大きな驚きが待っていた。

第一に、旅費が出る。日本では、予算が潤沢な研究所やプロジェクトでは面接旅費が出ることがあるが、大学の公募では旅費が出ないのが普通だ。私は、イギリスに三回面接に呼ばれた。三回とも、日本からでも旅費が支給される。どの人に尋ねても、これには例外がない。違う大陸から面接に呼ぶ旅費を払ってまでしても、いい人材を採りたいのだ。旅行中の食費も出る。自費で就活を行うことは精神衛生上よくないので、これには助けられる。

第二に、イギリスでは、たとえば五、六人の候補者が同時に面接に呼ばれ、競争相手と会ってしまう。会食やお茶を全員で行うのだ。避けようがない。知り合いが競争相手として来ていたりする。面接終了後や、場合によっては二日間にわたる面接の一日目の夜に、候補者同士で飲みに行ったりしている。各候補者は三〇分程度の研究発表をするが、他の候補者の発表を聞いてよいこととさえある。ただし、他の候補者の発表に対して質問することはご法度だろう。逆に、日本では、異なる候補者同士が極力顔を合わせないように計らわれるようだ。

第三に、会食を伴う。まず、集合が立食ランチだったりする。現職の面接では、夜のレストランが最初の集合場所だった。採用側は、候補者の社交能力を見ている。とはいえ、私の体験した面接では、採用側が各候補者をチェックしているようには感じなかった。せっかくの機会だからとにかく交流する、というふうにも感じた。こちらから質問することもできる。楽しくなってしまっても、次の日にも本番があるので飲みすぎないようにする。

アメリカでは、食事の席の会話で、候補者の人柄、機知、人間としての深さ、リーダーシップなどが試されている、とされる。アメリカのPI就活で大事な要素として、一番に会食を挙げる人も多い。候補者が同僚になったら楽しい人か、一緒に働きやすい人か。なにしろ、目の前にいる候補者が採用されてテニュアを取った暁には、二〇年、三〇年にもわたって自分の同僚になるのだ。採用側の人たちはよく見ている。

第四に長い。日本では、三〇分の面接のために東京から北陸まで行ってきた、という話を聞く。三〇分で候補者の何が分かるのだろう？　日本では、一度採用した候補者を辞めさせることは、普通はできない。採用側がこのリスクを避ける一つの手段は、知り合いのなかから採用することである。これなら安心だ。知り合い経由での採用は、アメリカやイギリスでも起こる。しかし、より優れた候補者は、採用側の知り合いの輪よりも外にいるかもしれない。欧米の大学は、直接知らない人、あるいは少ししか知らない人を採用することについて、日本よりも積極的だ。イギリスは、アメリカよりもその傾向が明らかに強い。私も、誰も知り合いがいない学科に採用された。私の同僚の多くもそうだ。

よく知らない候補者を採用して、論文は素晴らしいけど性格は悪かった、とあとで判明すると困る。したがって、面接に長めの時間をかける。面接が二日間にまたがることはよくある。私が経験した面接は全てそうだった。イギリスの面接は、それでも短い。というのは、二日間あっても、自分の出番は、会食を除けばたかだか一時間半である。アメリカでは、候補者を一人ずつ面接に呼び、一人を丸一日〜二日かけて面接する。いろいろな相手が、バトンタッチして候補者に一対一で飛びかかってきて（！）、様々な会話を繰り出す。これが一日以上続くのだ。なにせ、候補者は一人しかいない。アメリカ式に慣れていると、イギリス式の面接は「こんなに短い時間で候補者を理解できるわけがない！」と映る。私の学部でも、テニュアをいきなりあげるのだから、アメリカ式にしてももっと候補者を精査すべきだ、と主張している人がいる。

第五に、母国人の候補者が少ない。私の周囲では、五、六人の候補を面接に呼ぶとき、イギリス人の候補者がいることは稀《まれ》である。候補者の実力で選ぶと結果としてそうなってしまう、と私の同僚は言う。彼らは、イギリス人を採用したいとは特に思っていない。日本語話者を雇わないと日本語の授業や業務に支障が生じる、ということもない。イギリスは、英語圏であることも大きな理由で、今のところ世界中から候補者が集まってくる。EU離脱後はどうなるだろうか。

面接の中身

イギリスの場合、面接全体の時間のなかで、会食が結構な割合を占める。ただし、本丸は会食以外の部分だ。典型例の一つは、研究発表が三〇分、候補者一人対採用委員会（たとえば六人程度からなる）による面接内面接が三〇分、模擬授業が二〇分、という組み合わせである。アメリカでは、研究発表は一時間であり、模擬授業は理科系では聞かない。そして、面接内面接の代わりに、候補者が、採用側の様々な人と取っ替え引っ替え話す。

研究発表で気をつけるべきことは、研究説明書で気をつけるべきことと共通する。一貫したストーリーが自分の幹として存在するのがよい。自分の専門分野を知らない聞き手が多いから、詳細に入りすぎるとたいていよくない。かつ、自分の研究のどこが優れているのかを伝えなければならない。相手の学科や公募に合致させた発表にする。研究費の獲得計画や学内での共同研究の計画についても、相手は聞きたい。

研究説明書と異なる点もある。視覚や聴覚に訴えることができる。これについては、通常のプレゼンテーション指南が参考になる。また、アメリカの面接では、持ち時間が一時間あるので、家族の写真や趣味のスライドを最初に一枚入れて聴衆をなごませよう、と言う人もいる。発表後には質問が来る。想定質問とそれへの回答を準備し、何度も練習しておくべきだ。発表そのものも、一〇回、二〇回と練習すべきだ。二〇回も繰り返せば、よどみなく、正確な時間配分でしゃべることができるようになる。本気の面接ならば、そのくらいの練習はできるはずだ。練習した分だけ自信になる。

イギリスの面接内面接では、志望動機、自分の研究内容、分野の状況、研究費獲得の計画、教育経験や抱負などを尋ねられる。ビデオ面接のように、どの人がどの質問をする、と決まっていることもある。お決まりの質問項目が多く、ウェブでも典型的な質問例が多く見つかる。想定質問を自分なりに洗い出し、回答をよく準備する。回答を声に出してしゃべる練習もしておこう。

模擬授業は、大勢の学生が聴いている前で行うこともあるし、少人数の前で行うこともある。少人数の場合でも、学部学生が数人駆り出されて、列席していたりする。彼らが質問をしてくるかもしれない。採用側は、駆り出した学生にも「この候補者をどう思う?」とあとで尋ねる。何につけ、学生の意見の重みは、日本よりも欧米のほうがはるかに大きい。

模擬授業との戦い方も、周到な準備に尽きる。授業のお題は事前に与えられる。準備なしで「〇〇について今から授業をして下さい」と言われたら、熟練の教員でもできない。なお、アメリカでは、理系の研究中心の大学（大雑把《おおざっぱ》に言って、たとえば上位一〇〇校）では、面接で模擬授業を行わせないのが普通だ。人文系では、研究中心の大学でも、授業の重要性が高いので模擬授業を行わせることが多い。一人の候補者に二種類の模擬授業をさせることもある。

イギリスの場合、研究発表、面接内面接、模擬授業の三科目を合計してもたかだか九〇分である。九〇分なら完璧に準備できる。完璧な準備とは、スライドや模擬授業で使う材料が入念に準備されていて、かつ、研究発表と模擬授業については、よどみなく何度やったとしても同じように始めから終わりまでしゃべることができる状態を作ることである。また、三科目のそれぞれについて想定質問と自分の模範回答を作り、すらすらと回答できるようになっていることである。

アメリカの場合、研究発表と模擬授業については同様に完璧を期すことができる。しかし、丸二日もあって様々な相手と入れ替わり立ち替わり話すとなると、全ての会話を準備力で制覇することはできない。相手はむしろ、手を変え品を変えて候補者を丸裸にしようと挑んでくるかもしれない。それでも、想定質問を多く準備しておくほど有利だろう。

どの三科目も、経験ある同僚などに練習につきあってもらえるなら、ぜひ活用したい。上位の大学では、面接に残れるような求職者も多いので、そういう人たちに対して面接練習会を行っていることがある。日本から応募する場合、面接の練習はかなり困難であり、不利を被る。日本にいる日本人に模擬面接をしてもらっても効果が低いだろう。英語の問題ではない。評価基準が違うのである。おじぎの仕方や敬語の使い方はどうでもいい。また、研究発表にしても、自己主張の仕方や、お金（研究費）の話をすることに対する抵抗感や期待値が、日本と欧米で大きく異なる。

イギリスになくて、アメリカの理科系に多い面接の科目に「チョーク・トーク」がある。黒板や白板を使って、研究のアイディアについて一〇〜二〇分話す。スライド発表ではなく、である。そして、採用側が候補者を質問攻めにする。一〇分の発表に対して質問が一時間に及ぶことも珍しくない。チョーク・トークが二時間という例も聞いたことがある。二時間あっても、発表途中で質問がどんどん出て発表が最後まで終わらなかったりする。

チョーク・トークで採用側が見たいのは、そのアイディアで競争的研究費を獲得できるか否かである。今まで一流論文をたくさん出し、一時間の研究発表も素晴らしかった候補者でも、チョーク・トークをさせてみるといまいちだった、ということがある。一流論文誌に発表された論文は、指導教員のおかげかもしれない。また、研究発表では、周到な準備をしておけば完璧に終えることもできるだろう。五〇分の発表に対して質問時間が一〇分間ならば、その一〇分間を準備力で凌《しの》ぐこともできるだろう。しかし、チョーク・トークに対してそのような準備をすることは難しい。質問も予想しにくいし、一〇分の発表に対して五〇分、一〇〇分の質問時間があるとなると、準備力で凌駕することはできない。したがって、本当に優れた研究案やその実行計画を頭のなかに抱いているか、常日頃からよく考えているかどうか、で地力の差が出る。また、英語力の差も出やすいと言う。

アメリカでは、候補者に学生と話させることもよくある。学生と一緒に昼ご飯を食べたりする。学生は、採用委員会側に候補者の印象を報告する。候補者にとっても、教員だったら言わないようなことを学生から聞ける場である。採用委員会は、程度の差こそあれ、学生の意見を考慮する。学生が「この人を採用することだけはやめてくれ」と言うこともある。学生と候補者が話すときは候補者の研究力が試されるわけではないから、学生が嫌がるならば、候補者の性格や言動が理由のはずだ。同様に、事務員から意見を聞くこともある。日本の大学の人事において、学生や事務員に意見を尋ねることはありえない。日本では准教授や講師の意見も実質的に反映されないのが普通だ。

面接はサイコロ?

PI就活とは異なるが、オックスフォード大学やケンブリッジ大学（合わせてオックスブリッジと呼ばれる）の学部入試には面接がある。イギリスの大学入試では、センター試験のような全国統一試験がある。その成績に基づいて希望する大学・学部をいくつか書く。この試験では、各科目で上位何%がA評定、次の何%がB評定などと決まっている。私の学科ならば、Aが数学を含めて三個あれば入れることが公開されている。受験生がこの基準を満たす限り、定員で切ることなしに合格させる。

ところが、オックスブリッジでは、三個のAを取れる受験者が多すぎるので、面接で絞りこむ。面接は教員が行う。私の友人の多くも面接官を務める。彼らは、この面接はかなりの程度サイコロであると言う。面接官は、もちろん真剣に面接を実施する。それでも、受験生の何を評価しているのかが分からなくなることがあるそうだ。受験生たちは、周到な準備をして面接に臨んでくる。面接官は、数日で何十人もの受験生を面接する。しかも、一人の受験生の面接が五分で終わるわけではない。疲れてもくる。面接官も人間だ。

PI就活の面接にもサイコロ性がある。採用側のPIで自分の研究にあまり好意的でない人が、たまたま出張していて面接に顔を出さないかもしれない。そもそも、いつどこでどういう公募が出るかは、自分の実力や希望とほぼ無関係に決まる。どこに就職できるかは、運にとても左右される。私の場合も運だった。私は三つ目の面接で現職（ブリストル大学）に採用されたが、もし面接の順番が異なってはじめての面接が現職だったならば、落ちていたと断言できる。面接の知識や経験を持っていなかったからである。ブリストルに来たのは偶然だと言わざるをえない。

三年間就活するとサイコロの目がならされて平らになる、とアメリカ人の知人は言う。年によって、どの大学のどの学科に公募が出るか分からない。同じ大学の同じ学科で公募が三年連続で出ても、その年の採用委員会の顔ぶれによって基準が異なるかもしれない。そして、同じ学科でも、一年目の採用過程で得た知識（こんな候補者が次点でいたとか、来年の採用では○○に気をつけるほうがいいとか）は、二年目の採用委員会では一切活《い》かされず、採用委員会には記憶力が一切ない、と言うのだ。就活を続けると、自分にとって追い風の年もあれば、向かい風の年もある。三年間のどこかで、自分にとっての当たり公募もきっとどこかに出てきて、三年経つとだいたい一巡する。なので、三年間は続けよう。

面接後

面接に呼ばれた候補者が六人いれば、合格率はとりあえず六分の一だ。だから、普通は落ちる。私も二回面接で落ちた。しかし、不思議と悔しさや嫉妬《しっと》がこみ上げてこない。受かった人に「おめでとう」と心から言える。この心理は不思議だ。力を出し尽くしたスポーツの試合のようである。まさにスポーツマンシップ！

ロンドンのある大学では、私を含む五人が面接に呼ばれ、私以外の二人が採用された。この二人とは、研究分野が私と同じという理由も手伝って、今では友だちだ。私がブリストルに赴任したあと、この二人を別々にブリストルに呼んで研究発表をしてもらった。私も、先方に呼ばれて研究発表をしに行った。私がロンドンへ行くと、当然、当時の採用側の人たちにも出くわす。私を落とした彼らが、私の、就活とは関係ない今回の研究発表を聞きに来る。そういう人に会ったら気まずい、という心理は要らない。恥ずかしいという気持ちも捨てるほうがいい。そんなことはどうでもいい。むしろ、自分を落とした理由をその場で相手に尋ねてみても失礼ではない。そして、面接で出会った競争相手たちと、友だちになってしまってよい。そのほうが今後の就活や研究に役立つ。このくらいの考え方や行動が世界標準だと思う。

採用側が公平に選考を行った、と私が感じるから、こういう割り切り方をしやすいのかもしれない。採用側が事前に心で決めた候補者が一人いて、その人を採用するために形だけの面接をしている(私たちはこれを「デキ公募」と呼ぶ)のだったら、決して素直な気持ちになれないだろう。実は、欧米にもデキ公募は割とある。ただ、幸いなことに私の周りでは少ない。

落ちるととても残念だ。特に、日本から欧米まで面接に行くと、約四日間を費やすことになり、多大な体力、気力を消耗する。残念だ。それでも、淡々と次を探す。公募には一つ一つ癖があるから、落ちたことを気にしすぎないほうがいい。たまたま非常に優秀な候補者がいた。実はデキ公募だった。自分は十分な研究成果や研究費獲得実績を持っているが、採用側の希望分野と少し合わなかった。落とされる理由はたくさんあって、それらのいくつかは反省不能である。一つの公募には一〇〇人や数百人の候補者が群がるので、上位六人に入れたことに自信を持つほうがいい。六回やれば一回当たる……かもしれない。

ただし、面接に進んだことに満足してしまったら負けである。面接を終えると、様々な課題が浮かび上がってくるはずだ。忘れてしまう前に、それらをくまなく書き留める。面接のときに何を聞かれたか、どう答えたか、どう答えるべきだったか。面接全体を振り返ってみて、応募書類に書き換えるべき箇所はあるか。どんな面接からも学ぶべきことがある。特にアメリカでは、自分が不採用だった理由を採用側に尋ねても失礼ではない。採用側のＰＩが、後日、ビデオ会議をして不採用だった理由を教えてくれることさえある。書類選考段階で落とされた場合は、一切のフィードバックが得られない。ビデオ面接か大学での面接まで進んで落とされた場合には、フィードバックをお願いできる。これを試さない手はない。

内定はどうやって決まるのだろうか。アメリカでは、新米ＰＩを含むＰＩたちが投票に近いことをして内定者を決める場合が多いと聞く。助教と教授が人事で同じ一票を有する、ということは日本では想像しにくい。また、アメリカでは、投票はしない場合でも、全員で議論したり、全員が意見を書いて提出したりして決めることが多いらしい。イギリスでは、たとえば私の学科なら六人程度の、たいていは教授たちからなる採用委員会で話し合って最終決定を下している。私の学科では、「候補者の研究発表や模擬授業には、もし時間があれば出て、あとで意見して下さい」と、私たちＰＩは促される。しかし、最終決定にさいして私や他のＰＩの意見が本当に反映されるようには正直思えない。ドイツ、シンガポール、中国のように、学科長や学部長の権限が大きくてワンマンやそれに近い形で決定が行われる国もある。

内定後

イギリスは、非常に速く内定が出ることがある。私の場合、面接終了からわずか三時間で内定が出た。候補者たちと別れてから、その場で採用委員会が会議をして決めたはずである。内定通知は早いに越したことはない。採用側も、優秀な人材を奪い合っている。なるべく早く確定したい。また、なるべく早く赴任してほしい。

それにしても速い。すぐに内定が出ると、その場でもう一度会える。私の場合、午後二時頃に面接から解放されて、午後五時頃にメールが来た。正確には内定通知ではない。「ちょっと話したいことがあるんだけど、まだブリストルにいて会えたりする？」というメール。どんなに保守的、悲観的に考えても、採用のことだとしか思えない。心が踊る。偶然にも、私の帰りの飛行機は次の日だった。午後七時に昨日皆で会食をしたレストランの前に来て下さい、というので行く。その場で内定通知。手早く祝福されるとともに、若干の事務的なことを伝えられた。

アメリカでは、ここまで速くない。異なる候補者を違う日に面接していて、その結果をまとめて結論を下す必要がある。一週間から数週間かかると思えばよいだろう。

内定後は、回答期限が与えられる。私の場合は一週間程度の期限だった。もう少し長い場合も多いようだ。私は行わなかったし、たいていの日本人が苦手としているのだが、この段階で考えるべきことは交渉である。日本のタブーに反して、給料の釣り上げ交渉が容易である。この傾向はイギリスよりもアメリカ、あるいは中国のほうが強いように見える。ただ、それに値する交渉材料を持っていないといけない。

内定を複数得ていることは、強い交渉材料だ。また、内定通知をどこかから得ると、自分の現在の職場と交渉を行うことも可能だ。カウンター・オファーと言う（一二ページ）。高い給料を提示してくれたほうに就職するよ、あるいは、給料を上げてくれないと他の大学に出ていっちゃうよ、というわけだ。内定を複数得るためには、異なる大学からだいたい同じタイミングで内定が来る必要がある。そうでないと、先に内定を出したほうの大学は、候補者がどちらの大学を選ぶかを決めるまで待ってくれないだろう。アメリカでは、PI採用手続きの時期が国全体としてだいたい同じなので、候補者が複数の内定をほぼ同時に得ることは、結構よく起こる。候補者が、A大学からの結果を待っているときに「B大学から内定を得たので私を雇いたいならば決定を急いでくれますか？」とA大学に問い合わせることもあるようだ。

交渉できるものは、給料のほかに、配分される研究費、授業負担、職階（准教授相当でなく教授で雇用してくれるか、など）あたりだろう。交渉して車を買ってもらったという話をアメリカで聞いた。驚いたことに、その大学は私立ではなく州立である。日本の国公立大学で同じことが起こったら、スキャンダルになるだろう。イギリスはここまで自由ではないが、日本よりは交渉余地がかなりある。給料交渉はよく耳にする。いっぽうで、デンマークやオーストラリアのように、給料は経験年数や職階でだいたい決まっている国・大学もある。

海外PI就職に必要なこと

さて、ここまで読んで、読者のなかで日本にいる研究者や大学院生の方は、「自分にもできる」と思っただろうか。「できない」と思った人が大半ではないだろうか。英語の壁だけではない。帰国子女で英語は堪能な研究者でも、日本の大学システムに長くいるほど、海外ＰＩ就活への敷居は上がってしまう。逆に、海外に関わりがある人ほど、応募の敷居は下がり、成功率も上がるように私は思う。海外でＰＩに内定するために必要なことを、候補者の実力と準備のしやすさの二つに分けて考えてみる。

候補者の実力

候補者の実力は、証拠として何を出せるかで決まる。現時点で持っていることは書けるし、話せる。持っていないことは出せない。

提出する五点セット（研究説明書、教育説明書、推薦書、履歴書、カバーレター）のなかで証拠を並び立てる場所は、まずは履歴書だ。履歴書に書く基本項目の一つに、自分が発表した論文のリストがある。『ネイチャー』論文（『ネイチャー』は高名な論文誌）は、どの国の研究者が出しても『ネイチャー』論文であり、「『ネイチャー』に論文一つ」と数えられる。他の各論文誌に発表された論文も、論文誌の格付けや暗黙の業界評価に応じて相応の点数が入ると考えてよい。この点、日本人は特段損をしない。

ところが、採用側は、候補者が誰と論文を書いたか、つまり、論文リストに現れる著者名もほぼ必ず見ている。共著者に日本人の割合が多すぎると、マイナス評定だと思う。

次に、日本語で書いた論文が戦力としてゼロなのは当然として、英語で書いた論文でも、日本の学会が発行する英文論文誌に載ったものは評価が低いと思っておくほうがよい。日本では、国内の学会を盛り上げたい、国際的に通用する日本発の英文論文誌を作りたい、といった理由で、そういう英文論文誌を盛り立てようとする傾向が結構ある。物理学のように日本の競争力が世界的に強い分野においてさえも、その傾向がある。盛り立てる目的もあってだろう、研究レベルの高い日本人が、欧米の英文論文誌に出しても通ると考えられる論文をあえて日本発の英文論文誌に発表することが稀ではない。しかし、そういった英文論文誌には、日本人の論文ばかりが掲載されがちだ。外国人が論文を発表しようと思いにくい。論文誌の名前にJapanという単語が入っていたら、外国人はなおさら逃げる。逆に、Americaという単語が入った論文誌が自分の発表論文リストに名を連ねていることは、履歴書にとってたいていプラスである。Japanはマイナスである。不公平だとぼやいてもしょうがない。

私は、海外就活のためではなかったが、修士論文までは例外として、大学院生の頃から、日本系の英文論文誌には一切投稿しないと決めて、今でもその方針を守っている。そういう論文誌の運営に尽力されている先生も多く存じ上げているので、申し訳なく思う気持ちはある。日本の学会活動に協力しない態度であるとも受け取れるので、快く思わない先生もいるだろう。ただ、私にとってはこの判断は正解だった。

海外に興味があるのに日本の英文論文誌（あるいは日本語の論文誌）に投稿しがちな場合、今すぐに方針転換するほうがよい。日本には、研究内容さえしっかりしていればどの論文誌に出すかは関係ない、研究内容を見る人はちゃんと見てくれる、という考えの人が多い。しかし、世界ではそうではない。論文誌は判断材料になっている。同じインパクト・ファクター（一二ページ）の論文誌なら、日本系よりも欧米系の論文誌のほうが、海外就活において好意的に受け取られやすいだろう。

履歴書のなかで日本人が苦戦しやすい項目に、研究費の獲得実績がある。日本人が研究費を獲得しにくいわけではない。むしろ、日本の研究費は、イギリスや他のいくつかの先進国よりも得やすさの意味で恵まれている。ただ、研究費獲得実績が高めでも、特に欧米の採用側にとっては、その研究費を獲得したことがどれくらいの価値を持つかが理解されにくい。日本の研究費の仕組みが世界に知られていない。また、日本で研究費を獲得した実績が強いからといって、アメリカでも研究費を獲得しやすいのかどうかがよく分からない。英語の壁が仮にないとしても、良い申請書の書き方は、日本とアメリカでかなり異なる。日本に長くいるほど、論文や研究費獲得がうまく進んでいるとしても、履歴書に日本的な癖が入ってきがちである。そして、この癖は、海外就活にとっては望ましくない。

他の履歴書内の項目にも、日本的な癖が入りやすい。たとえば、採用側にとって大きな検討材料ではないと思われるが、候補者が今までに行った博士論文の審査員としての活動実績を履歴書に書くことが多い。イギリスの典型例では、一つの博士論文に対して、審査員が二人だけつく。一人が学内の審査員、もう一人が学外の審査員である。学外の審査員には海外の人を任命することもある。学外の審査員は、博士論文の内容についての専門家である。事前に博士論文をよく読んで、審査当日は学生にいろいろな質問を行い、専門的知見から博士論文を評価する。質問が二、三時間に及ぶこともある。学外の審査員には、旅費と少しの報酬が出る。このように、イギリスにおいて、学外の審査員を受け持つことは、それなりに時間のかかる名誉な仕事だ。したがって、博士論文の審査をどこでいくつ受け持ったか、というリストは履歴書に書くに値する項目なのだ。

いっぽう、日本では、大学や部署にもよるが、一つの博士論文にたとえば五人の審査員が割り当てられ、全員が学内の審査員であることが多い。博士論文審査会は典型的には短めで、審査員の役割もイギリスのそれとは異なる。私は日本で八年半教員（講師、後に准教授）をして、学内で二六人の博士論文審査員を務めた。しかし、これをイギリスの基準で履歴書に落とし込むことは難しい。二六人というのはとても多いが、審査員の重みが日本とイギリスで違う。二六と書くと、嘘《うそ》はついていないけれども嘘っぽい。採用委員会に間違った理解を与えるかもしれない。また、学外の審査員を一つもやってないですね、と思われる（実際にやっていない）。両国の審査方式の違いを履歴書のなかで説明するのも藪蛇《やぶへび》だ。やりにくい。

最後に、推薦書にも、候補者の実力が反映される。海外の大学の先生から推薦書を得ることは一朝一夕ではできない。履歴書の項目や推薦人が十分でない人は、数ヶ年計画で攻める必要がある。

準備のしやすさ

準備は、時間をかけるほどうまくできるが、いっぽう、情報戦であるとも思う。書類の書き方から面接のコツまで、情報がかなりの助けになる。日本にいながら海外PI就活のコツを手に入れるのは、ウェブを頼れるとはいえ、結構難しい。日本の大学にいる人は、日本人か外国人かを問わず、たいていの人が情報を持っていない。また、転職活動中であることを表に出しにくい、という日本文化もある。日本をやめて海外に行きたいという気持ちそのものも、裏切りのように受け取られるかもしれない。「ここまで引き立ててやったのに」と。私は、日本にいる日本人には、内定を得るまで誰にも相談しなかった。

そのかわり、外国の研究者に相談した。書類のイロハ、私の分野に関係する公募が具体的に今出ているかどうか、どういう分野の公募を狙うか、採用側は何を見ているか。こういったことを、新しい友人から古い友人まで、様々な国にいる様々な国籍の人に尋ねまくった。次章のインタビューに登場する御手洗《みたらい》さん（デンマーク）にも尋ねた。五年以上連絡していなかった知人も、すぐにビデオ会議までして相談に乗ってくれた。ありがたい。その情報がなければ私の就活は不可能だった。さらなる情報は、面接での経験や、イギリス赴任後にいろいろな人と話すことを通じて得られた。次章のインタビューに登場する人のなかには、日本で働いていながら、私よりもかなり効果的に情報を集めていた人もいる。

ではどうする？

あなたが、海外ＰＩに興味はあるが、履歴書の質や確保できる推薦人、あるいは情報の意味で現状では手が届かないと仮定する。どうすればいいだろうか。

特効薬はない。なぜなら、海外と密接に、あるいは広くつながっていることが有効であり、そのようなつながりを作るためには時間がかかるからである。また、日本系の英文論文誌に論文を出すのはこれからやめよう、と決意したとしても、結果が履歴書に現れてくるのには、これから書く論文が他の論文誌にぼちぼち掲載されはじめてからであり、たとえば二、三年かかる。

私は、海外ＰＩ就活をしようと思い立った時点で、日本のなかにいた割には海外とのつながりをいくつも持っていたので、すぐに就活を始められた。海外ＰＩを最初から狙っていたわけではなかったが、私は単に海外好きなのだ。そのような人は、すぐに海外ＰＩ就活を始めやすい。そうではない場合、二、三年計画で海外とのつながりを醸成していくのがよいだろう。海外とのつながりを醸成する活動をやってみて、二年後に思い直して海外ＰＩ就活をやっぱりやらないことにしてもいい。海外とのつながりは、どのみち有用だ。二、三年のそういう努力は、結局海外ＰＩ就活をするか否かにかかわらず、きっと報われる。

海外とのつながりを増やすには、どうしたらいいだろうか。もしあなたが学生かポスドクならば、相手国の大学院生やポスドクになるのが一番の策だ。日本の予算を用いて海外でポスドクを行うためには、二年間の海外学振（一三ページ）が最適だろう。日本に所属を置いたまま海外に滞在することも、十分に効果的だ。滞在は長いほどいい。無理ならば短い訪問の累積でもよいだろう。私は三週間以内の海外滞在を積み重ねた。ただし、国際学会に出かけていって参加者たちと話すだけでは、いくら数を多くやっても物足りない。ご飯やお酒に行って研究やそれ以外の話に花を咲かせる、先方の研究室に訪問・滞在して、研究発表をして自分の研究内容を議論してもらう、といった密度の濃い関係を作りたい。共同研究もその延長線上に起こることが多い。日本の研究費の制度では、通常の研究費の枠内でこういった自由な訪問・滞在を行うことがかなりできる。また、若手研究者の国際化は昨今の日本の国策なので、政府や日本の大学からの支援制度がそこそこある。

海外でポスドクや滞在を行うと、共同研究実績が増える、自分の研究レベルが飛躍しうる、将来の推薦人になってもらえる、といったことを期待できる。ほかにも、就活のコツを教えてもらえるかもしれない。周りに就活をしている人がいて、その人の振る舞いから学べるかもしれない。具体的な公募情報が流れてくるかもしれない。採用側にもなりうる海外のＰＩの、多様な価値観に触れることができるかもしれない。また、最初は共同研究者やポスドクとして現地でキャリアを始めて、徐々にＰＩになっていく、という就職の方法もある。

ＰＩ就活で成功するような推薦書や人脈を得るためには、有名ではない、あるいは駆け出しのＰＩが率いる研究室ではなくて、著名なＰＩが率いる海外の研究室に行くのがよい、という助言が多い。私自身はこれを「楽しくない」と感じる。本当にしたい研究や本当に触れ合いたい人とではなく、打算によって、貴重な数年間の過ごし方が決まるように感じるからである。しかし、まずＰＩにならなければ始まらない、と考えるならば、この助言に同意する。

繰り返して言いたい。世の中は、「この人は論文が秀逸だから採用しましょう」というふうには動いていない。実力主義だと思われやすいアメリカですらそうだ。研究は人が行い、人が評価する。教育は価値観や到達度が多様な学生に対してなされる。研究費によって大学が潤い、研究費の配分はいろいろな都合のもとで決定される。ＰＩの実力の定義はとても広いのだ。

二段階計画

二段階、あるいは多段階で臨むことを勧める人がいる。仮にアメリカに行きたいとする。このとき、比較的小さかったり無名だったりする大学、あるいは望ましい条件が欠けている大学でもいいから、内定をもらって就職してしまいなさい、というのだ。理想から遠い大学に就職してしまっていいのだろうか。海外就職は、目的ではなくて手段であるはずだ。日本より良い何かを目指しているのであって、海外に就職することそのものが目的ではない。どの国でも、日本と同様に、頂点の大学から遠ざかるにつれて、一般的には、研究よりも教育やほかのことに割かなければいけない時間が増大する。学生の質は下がり、給料も下がる。日本の一流大学の職を捨ててアメリカの三流大学に就職したら、時間がなくなり、周りの人材もいまいちで、予算も少ない、となってしまうかもしれない。それでもアメリカの大学に就職してしまおう、とはどういうことか。

徐々に階段を上がるための第一歩と見なすのである。前提として、日本以外のほとんどの国では、研究者がよりよい待遇を求めてコロコロ職場を変えることに対する抵抗感が少ない。失礼ではない。浮気者だとも思われない。今の職場からカウンター・オファーを引き出して待遇を上げることを主目的として、就活してみる人もたくさんいる。それすら許容される。私はこの考え方を最近知った。就活をしていた二〇一三年頃、この考えは私のなかに微塵《みじん》もなかった。浮気か強欲かどうか以前に、思いつかなかった。

アメリカにいずしてアメリカを知るのは困難だ。そこで、とにかくアメリカに行ってしまうのだ。すると、就職先が二流、三流大学だとしても、あなたはアメリカのPIになる。アメリカの大学の仕組みや研究費の仕組みが分かってくる。アメリカのPIに顔を知ってもらいやすくなる。アメリカの競争的研究費に応募することができる。アメリカでの教育経験も踏めて、履歴書に書ける。その大学で一旗上げてから、より希望する大学に応募すればいい。ただし、腰掛けだと思っていても、仕事は教育から運営業務まで真面目《まじめ》にやる。そうでないと、成果はついてこないだろう。

もちろん、アメリカに行きたいからといって、アメリカならどんな大学でもいいわけではないだろう。一定より基準が下になると、業務があまりに多すぎて、本当に沈没してしまう。アメリカならR1という大学群が一流の研究機関であるとされる。Rはリサーチ（研究のこと）の頭文字である。R1には二〇一八年時点で一一五大学が属する。一〇〇以上あるので、日本人になじみが薄い大学もたくさん含まれている。R1の下に属するR2大学（二〇七大学が属する）にも、研究を十分に行える大学がたくさんある。アイヴィー・リーグに属するダートマス大学や、研究者なら多くが知っているラトガーズ大学なども、なぜか二〇一八年時点でR2である。そして、そのような有名なR2大学でなくても、はじめてのアメリカ就職としては十分かもしれない。R1（や待遇のよいR2）に行く夢を持ちながら働けばよい。イギリスには、研究型公立大学二四校からなるラッセル・グループがあり、オックスフォードやケンブリッジはもちろんのこと、私のブリストル大学も入っている。この二四大学で、イギリスの全ての大学のうちの六割以上の研究費を獲得し、研究成果を出している。ただ、非ラッセルの大学にも十分に研究・教育環境がよい大学は多くあるし、初イギリスとしては十分かもしれない大学も多くある。

私、出してもいいんでしょうか？

アメリカでは特に、大多数の公募が、教授のようなベテランＰＩではなくAssistant

Professor と呼ばれる新米PIを求人している。ところが、たとえば教授になりたい、あるいはどう見てもそれが自然であるような中堅〜ベテラン候補者が応募してくることに対して、採用側は寛容だ。このような場合にも、とりあえず応募してしまってもよい。公募に書いてあったよりも上の職階で採用してくれることは割とある。そうならなかったとしても、失礼ではない。応募書類を送る前に相手に問い合わせてもよい。

日本では、助教の公募が候補者に応じて准教授職や教授職に化けることは、ありえない。各職階の定数が決まっているからであろう。あくまで、助教が一人抜けたから助教を一人補充する。

とにかく応募してしまうことの隠れた効果として、「私、職探し中です」という意図が相手に伝わるかもしれない。採用委員会に自分の知り合いがいれば特にそうだ。その公募は、予算の制限で職階を格上げできないかもしれない。それでも、採用側のPIが「そうか、君は実は移籍したいんだ」と知って、情報を回してくれるかもしれない。同じ理由で、自分が職探し中であることは、他人に伝えてしまっていい。

数撃ちゃ当たる？

たくさんの公募に出すべきか。それとも、数を絞って出すべきか。これについては意見が分かれる。私自身は、合格率が一〇〇分の一だとしたら一〇〇回に一回しか当たらないと考えて、少しでも可能性があると思う公募にはどんどん出す。ただし、可能性が本当にないと思うなら、時間の無駄なので出さない。最低でもビデオ面接まで進まないと、落ちたということ以上の情報を何も得られない。

いっぽう、数を絞って出して、少ない応募回数で内定を仕留める人もいる。次章のインタビューに登場する日本人PIの多くもそうであった。このような人は、採用側には意図があるので、自分がしっかりはまらないところに出しても非常に難しい、と考えていることが多い。一つの公募に対して書類を準備することも、しっかり行うとかなりの時間がかかるので、これもまた合理的な考え方だ。カバーレターだけでなく研究説明書も公募ごとに最適化する、という選択もあるだろう。業界が狭い研究分野の人は、そもそも応募できる公募が少ない、とも言う。

私の事例

ブリストル大学はイギリス・ブリストルにある公立大学である。ロンドンから西に二時間のところにある。著者、増田直紀《ますだなおき》は、二〇〇二年に東京大学で博士号を取得した。二〇〇六年に東京大学講師、二〇〇八年に准教授、二〇一四年にブリストル大学Senior Lecturerとなった（Senior Lecturerを含むイギリスの大学の職階については第四章で説明する）。専門はネットワーク科学、数理生物学。

私の前職は、テニュア付きの准教授であった。しかし、ずっとそこにいれば教授になれるわ

Wills Memorial Building は、ブリストル大学の代表的な建造物。中には、講義室、図書室、教員のオフィスなどもある

けではなさそうで、一〇年程度で循環して出ていくことが期待されている様子だった。それもあり、東京大学に赴任して六、七年目になって、次の行き先について考えはじめた。

　海外にはかねてから興味があって、二九歳で結婚したさいにも、妻に「将来海外になるかもしれないけど、いい？」という発言をした。だが、その当時は、具体的に考えていたわけではなかった。むしろ、具体的にいついつ海外に行く、という目標を立てて二〇代後半～三〇代前半を過ごすべきだったと思う。

　二〇一二年一二月に就活を始めた。結局、四十数校のアメリカやイギリスの大学に応募した。アメリカのほうが大学が多いので、結果的に、アメリカの大学に七割、イギリスに三割程度応募した。イギリスの大学からは三つ面接に呼ばれた。翌年の九月に、ブリストル大学から、テニュア付きの Senior Lecturer として内定を得た。アメリカの大学には面接に呼ばれなかった。

大学の敷地内にある芝生。晴れた日には、学生がそのまま座って談笑したりご飯を食べたりしている

私の実力不足もあるが、私の研究説明書がアメリカの大学に対して全く魅力的でなかったことも失敗の一因だと思う。

今振り返って考えてみると的をはずしていた可能性が高いが、私のなかでは海外就活を始めるための一つの基準があった。研究業績である。一定の一流論文誌に論文を掲載していないと勝負できないと考えていた。私のなかには、どの論文誌以上が一流である、という定義が存在した。それは、自分の業界のほかの研究者たちもおおむね同意するような定義である。私は、そのような一流論文誌に、大学院生のときに比較的まぐれあたりで掲載された一本の論文を除けば、一〇年間論文が出ていなかった。私は引け目を感じていた。二〇一二年の秋に、ついにある「一流論文誌」に自分の論文が掲載されることになった。この瞬間、「じゃ、就活してみよう」と一瞬でスイッチが入った。このスイッチが急に入ったことには、我ながらびっくりした。

PI公募情報を集めたウェブサイトのいくつかを、週に一回程度チェックした。ただ、公募情報がこのようなウェブサイトに載るとは限らない。国にも分野にもよる。そこで、内定すれば行きたいような大学について、個々の大学の公募サイトを、二週間に一回くらい、一〇ヶ月間にわたってチェックした。あえてはずした大学が二種類ある。一つは、自分の実力ではとうてい就職できそうにない一流大学(ハーヴァードなど)である。もう一つは、アメリカの田舎と南部の大学である。家族の生活が厳しかろうと思った。ただし、当時から「二段階計画」を知っていたら、アメリカの田舎や南部の大学にも積極的に応募したと思う。結局、私が定期的に公募情報をチェックした大学の数は、アメリカで五〇、イギリスで二〇、カナダとオーストラリアとその他の国を合わせて三〇程度だった。合わせると一〇〇校程度で、根気でチェックできる数だ。また、二年やって不成功だったら基準を下げ、三~四年やって不成功だったら諦《あきら》める予定だった。

推薦書は、アメリカ、カナダ、韓国の共同研究者に一通ずつお願いした。失敗のあとに教訓をなるべく多く得て次回に改善することを心がけた。

第三章　一七人に聞いた就活事情

前章では、私の経験と私なりの海外PI就職の一般論を述べた。ただ、PI就職には、国と分野、そして個人がたどってきた経歴による個別性が色濃く現れる。そこで、本章では、実際に日本から出発して海外にPI就職した一七人の日本人に、就職までの経緯を語っていただく。

例を見てみよう

就活一年目で内定――木原大亮（アメリカ・パデュー大学）

パデュー大学はアメリカ・インディアナ州にある州立大学である。日本では二〇一〇年にノーベル化学賞を受賞した根岸英一《ねぎしえいいち》教授が在籍したことで大学名を知った人も多いかもしれない。木原大亮《きはらだいすけ》さんは、一九九九年に京都大学で博士号を取得した。二〇〇三年にパデュー大学Assistant Professor、二〇〇九年にAssociate Professor、二〇一四年にProfessorとなった（Assistant ProfessorとAssociate Professorの違いなど、海外の大学の職階については第四章で説明する)。専門はバイオインフォマティクス(生命情報学)。

木原「皆が皆というわけではないけど、ポスドクは海外でするのが普通でした」

木原さんの周りでは博士号を取った人の多くが海外へポスドクとして行き、上の世代の(日本の)PIも海外ポスドクの経験をした人が多かった。木原さんも、アメリカでポスドクを四年間行った。三年目になって次の進路を考えたとき、日本に帰る可能性ももちろんあった。しかし、先輩と後輩の間の位置に帰って「戻ってきたね」、「お帰りなさい」と元の鞘《さや》に収まることを「ちょっとつまらないかな」と感じた。せっかくアメリカでいい論文が出たし、日本に戻って英語をすぐ忘れてしまうならもったいない、と感じた。そこで、木原さんは、アメリカのいろいろな大学に、アメリカのPI採用の通常の周期に沿って、一一月くらいから応募を出した。

当初、木原さんは、早く就職できるだろうと楽観視していた。ところが、一月半ばまで良い知らせがなかったので、もっと広範な大学に応募を出しはじめた。アメリカの上位一〇〇大学くらいまでの大学の該当学科のウェブサイトを逐一調べて、関係する公募を探した。結局、六〇校程度の大学に応募した。徐々に面接に呼ばれるなどの反応を得て、四月にはパデュー大学から内定を得た。州立大学の雄である。

増田「一年目で決まる時点ですごいです」
木原「その頃、ラッキーなところもあったんです。バイオインフォマティクスが今は落ち着いてきちゃったけれども、当時ははやっていて、結構公募が多かったんですよ。その需要に乗れたという面もあります」

木原さんは、複数の大学から内定を得た。ただ、周りに交渉について教えてくれる人がうまく見つからなかったため、交渉は本格的にやらなかった。「知っていたら、もうちょっとうまく交渉するやり方があったかもしれない」と言う。
アメリカにおけるPI就職で大事なことの一つとして、木原さんは「血統」を挙げる。大先生の研究室から来ている、そういう人からの推薦書がある、有名大学の出身である、といったことである。血統は、研究費を獲得しやすいかどうかにも関わってくる、と言う。

企業経験を経てPIに――篠原眞理（アメリカ・デューク大学）

デューク大学はアメリカ・ノースカロライナ州にある私立大学で、どの世界大学ランキングでも常に上位三〇校に入る名門である。篠原眞理《しのはらまり》さんは、日本の大学学部を卒業後、日本企業に計六年ほど勤めて、その後ニューヨーク州立大学の大学院で博士号を取得した。二〇〇九年にデューク大学Assistant Professor、二〇一六年にAssociate Professorとなった。専門は免疫学。

篠原さんは、大学四年生のときに、三ヶ月くらい交換留学でデンマークに行った。その経験があったからこそ、海外の大学院に行くという選択肢をそもそも考えたのだろう、と言う。博士号取得後は、アメリカでポスドクを三年間行った。その後、夫が日本に就職し、篠原さんも日本の外資系製薬会社に勤めた。日本でのポスドクの働き口はあったが、夫と地理的にとても離れた場所だったので、それでは日本に帰る意味がないと思い、企業に就職した。

ところが、基礎研究をしたい、という自分の気持ちとの乖離《かいり》を強く感じて、二年のうちには、夫と一緒に再びアメリカに戻った。研究分野を今の分野に定め、ポスドクを経験し、デューク大学に就職した。

増田「応募は、たくさん出す人と絞って出す人といると思います。篠原さんはどちらでしたか？」

篠原「私は、かなり絞ったほうだと思います」

その数一二程度。一つずつの公募に合わせて書類を作るのはかなり大変だったので、と言う。

増田「就活で、こういうふうにすればよかった、ということはありますか？」

篠原「私はできなかったんですけれども、人脈が実はかなり大事ということに気がつかなかった。私は、そういうことを知らなくて、直球勝負をしていた。直球勝負だと事情が伝わりにくいかもしれません」

篠原さんは、企業に二回勤め、日本とアメリカを行き来している。採用側の人には「なんで？」と思われたかもしれない、というわけだ。もし採用側に篠原さんの知り合いがいれば、理由が分かってもらえ、納得されやすいだろう。

日本だと年齢ばかりに目が行くが、アメリカやヨーロッパでは年齢はそれほど言われない（履歴書には普通書かないし、書いてはいけない、と言う人もいる）。あくまで、候補者の経歴を見られる。とはいえ、回り道をすることは少なくともポジティブには見られない。篠原さんの今の職場は、回り道をした事情を考慮してくれたので助かったという。

篠原「キャリアで回り道をしなかったら、もう少し多くの面接に呼ばれていたかもしれません」

内定を得たあとの交渉については、やり方が分からなくてほとんどしなかった。就任時期を少し遅くしてもらった程度である。今考えると、ナイーブだったな、と思うとのこと。

同僚の助言——福島佳子（アメリカ・ハワイ大学ヒロ校）

ハワイ大学ヒロ校はアメリカ・ハワイ州にある州立大学ハワイ大学システムの一つで、ホノルルやワイキキのあるオアフ島ではなく、火山や天文台で有名なハワイ島にあり、大学もこれらの研究分野に力を入れている。福島佳子《ふくしまよしこ》さんは、早稲田《わせだ》大学で修士号、二〇〇〇年にニューヨーク大学で博士号を取得し、オクラホマ大学にAssistant Professorとして赴任、二〇〇六年に同Associate Professor、二〇〇九年にハワイ大学にAssociate Professor・Department Chair（学部長）として移籍、二〇一七年に同校でProfessorとなった。専門はパフォーマンス・スタディーズ（演劇および批判的文化の研究）。

福島さんはアメリカの多くの大学を渡り歩いた。最初はニューヨーク地区での非常勤に始まり、専任（いわゆるフルタイム）でペンシルヴェニア州のゲティスバーグ大学に就職した。この就活は博士論文執筆中の日本からの応募で円滑に運んだ。その翌年、同校のテニュア・トラック公募（テニュア・トラックについては一一ページを参照）を含め一〇以上の大学に応募を出し、結局、ゲティスバーグ大学を含む三つの大学から内定を得た。当時、他の大学に応募しておけば、カウンター・オファーをしてこちらから給料の交渉ができるよ、とゲティスバーグ大学の上司、同僚たちからの助言もあった。なんて自由なアドバイスだろう。そこで、福島さんは、総合大学の州立オクラホマ大学に移ることにした。ここは素晴らしい研究環境を与えてくれた。
この後、福島さんは、現職のハワイ大学に移った。その経緯は、第五章で、オクラホマ大学の仕事環境とともに語っていただく。

自分の「価値」を見定める——河村耕平（イギリス・エジンバラ大学）

エジンバラ大学はイギリス、スコットランドの首都エジンバラにある公立大学である。ラッセル・グループ（六九ページ）の会員であり、そのなかでも様々な世界大学ランキングで上位三〇位に入る名門である。河村耕平《かわむらこうへい》さんは、二〇〇二年に早稲田大学で修士号、二〇〇七年にオックスフォード大学で博士号を取得した。同年にエジンバラ大学 Lecturer、二〇一四年に Senior Lecturer、二〇一六年に早稲田大学教授となった。専門は経済学、そのなかでもゲーム理論。

河村さんは、学者として就職したいと高校生の頃から決めていた。学部生のときに、一年間オックスフォード大学で交換留学を行った。アメリカの大学院に進学しようと当時は思っていたが、オックスフォードは文化的な面も含めて楽しく、結局、オックスフォード大学の博士課程に進学した。

大学院では、クラシック音楽のコンサートに通ったり、オペラを見まくるなどしてよく遊んだ。周りも、ガツガツというよりはリラックスしていた人が多かったそうだ。

博士号取得が近づく頃、イギリスで多分取れる一～二年のポスドクをやって、日本に戻ってどこかの大学に就職しようと考えていた。当時の経済学では、海外のポスドク経験を持って日本に帰ってくる人はまだ少なくて、そういう経験を持つ人には強みがあった。また、河村さんは、早稲田とのつながりも保っていた。

ところが、この計画をオックスフォードの指導教員に話したら怒られた。「オックスフォードでPIは無理だけど、それより少し下の大学にPIで応募しろ。就職できる可能性がある」と言われた。ポスドクをせずにいきなりPIに応募するのである。理科系では、そうやってPI就職できる人は稀だ。

そこで、河村さんは、イギリスに絞って五、六の大学だけに応募した。オックスフォード大学のポスドクは取れるだろうと思っていたこともあって、あまり気合いの入った就活ではなかった。それでも、エジンバラ大学ともう一つの大学から内定を得た。テニュア付きの講師である。こうして河村さんはエジンバラ大学に就職した。

河村さんがあとから聞いた話によると、オックスフォードの指導教員が強く河村さんを推していた。推薦書を書くのはもちろんのこと「俺のところにこんな学生がいるよ」と、指導教員自ら採用側に宣伝をしていたらしい。

河村さんの分野では、イギリスのPI就活市場に、ここ一〇年で変化があった。河村さんが内定を得た二〇〇七年頃までは、イギリスの就活戦線はアメリカの就活戦線から切り離されていた。ところが、今では完全に就活市場が混ざってしまっていて、今（二〇一八年）公募を行うと、アメリカの大学にいる人や、アメリカの就活市場をチェックしている外国人もどんどん応募してくるという。イギリスの大学が、アメリカの就活市場に合わせるようになったからである。アメリカでは一一月頃に多くの公募が締め切られ、皆が集まるアメリカ経済学会の大会（一月にある）で候補者の一次面接を行う。イギリスの大学が、この慣習に参加するようになったのだ。

アメリカ経済学会の直後から、アメリカのトップの大学が、一次面接を通過した候補者を大学に呼んで面接しはじめる。他の大学も同様にするが、トップ大学ほど、内定枠が早く埋まる傾向がある。

増田「イギリスにいる候補者も、イギリスの大学の一次面接のためにアメリカまで行くんですか？」

河村「イギリスに限らず、ヨーロッパなどにいる候補者も行きます。アメリカのどこで大会をやるかは、年によって違いますけど。彼らは学会で研究発表をするわけではない。面接だけ受けて帰って来る」

増田「学会に行くための旅費は、それぞれの候補者が負担するんですか？」

河村「いや。お金がある限り、だいたい学科が出します」

私は、この「学科」という意味を勘違いした。採用側の学科ではなく、候補者が属する学科が旅費を出すのだという。たとえば、オックスフォード大学の博士課程学生やポスドクが、エジンバラ大学に応募して一次面接に呼ばれると仮定する。すると、オックスフォード大学が旅費を工面して、候補者をアメリカの学会に行かせるのだ。

河村「少なくとも経済学では、就職戦線でのパフォーマンスに大学の評判がかかっている。自分の大学を出た博士がどこにPI就職したか、は非常に重要なので、ぜひ面接に行って来て下さい、ということになる」

増田「就活のコツはありますか？」

河村「自分は、当時、アジア人としてはいい印象を与えているだろうと思っていた。プレゼンも時間をかけて準備するし、いろいろな話題で楽しい会話をすることが不得意じゃない。そういうのが、行き先の大学によっては好まれる。しかも、寡黙でおとなしいイメージがまだ残る日本人がそうだ、となると、向こうはいい意味で驚くと思う」

これは、経済学以外での河村さんの得意分野であり、河村さんがオックスフォード大学を好きである理由でもある。すごい研究者たちが、夕食の席で、経済学以外のいろいろな会話に花スの会話の雰囲気のほうが得意とのこと。学の面接でも、会食では、会話の幅も含めて候補者が観察される。ただ、河村さんは、イギリを咲かせる雰囲気。そのため、河村さんはアメリカの大学には応募しなかった。アメリカの大

河村「エジンバラでも日本でも同じですが、我々に何をもたらしてくれるか」
増田「採用側の視点で、ほかに就活で大事だと思うことはありますか？」
河村「自分自身のプレゼンについてもっと考えるほうがいい。どういうキャラクターで、どういう人間として受け取られたいか。日本に就職するときもそう」

研究業績を出す人を欲しいのか、それとも、研究はできる上で善き同僚を欲しいのか。エジンバラ大学の経済学部は後者だという。研究内容について相談できる同僚。投稿した論文についコメントがついて論文誌側から戻ってきたときの対応方法を気軽に相談できるような同僚。そのようなことを相談できる相手は、研究の実力や経験が十分であることに加えて、心理的な壁を感じさせないような対人スキルがあるような人である。

河村「いくら研究ができても他人のことは知らぬ存ぜぬ、という人だったら、そういう相互作用はできない」

パートナー雇用の促進——榊美知子・村山航（イギリス・レディング大学）

レディング大学は、ロンドンから西に電車で三〇分のレディングにある公立大学である。榊《さかき》美知子《みちこ》さんは、二〇〇七年に東京大学で博士号を取得した。二〇一〇年に南カリフォルニア大学でResearch Assistant Professor、二〇一三年にレディング大学でSenior Research Fellow、二〇一八年にAssociate Professorとなった。専門は認知心理学・認知神経科学。村山《むらやま》航《こう》さんは、二〇〇六年に東京大学で博士号を取得した。二〇一三年にレディング大学Lecturer、二〇一五年にAssociate Professor、二〇一八年にProfessorとなった。専門は教育心理学。

榊さんと村山さんは夫婦である。大学院で同じ研究室に属していて知り合った。大学院の頃から、二人とも研究者を目指していた。

村山「二人とも博士論文を日本語で書いたんです。私は、論文を日本語でしか書いていなかった。海外に行ってみたい、研究してみたい、あわよくば英語の論文を一つくらい書いて持ち帰りたい、と思った」

英語で影響力のある論文をどんどん書いている現在の村山さんの姿からは想像しづらい。博士号の後、二人とも学振ＰＤ（一三ページ）に採用された。この制度では、日本の大学に所属しながら三年間のうちの最大一年半年まで（最近では二年まで）海外で研究できる。榊さんと村山さんは、この制度を利用して海外進出した。村山さんが一年先に学振PDを取得し、一年半アメリカのロチェスターに行った。

村山「一年半後には日本に帰って就職するんだろう、と漠然と思っていた」

しかし現地の指導教員に気に入られたこともあって、縁あってドイツ・ミュンヘンで三年間ポスドクをすることになった。それでもまだ、いつか日本に帰るだろう、と思っていた。

その間、榊さんは、学振PDでロサンゼルス（南カリフォルニア大学）へ。指導教員に気に入られ、その後に研究型のAssistant Professor職を得た。これは、アメリカに特徴的な制度で、ボスの研究費が続く限り、大学の研究専門職として雇われ続けることができる。一見、二、三年の研究費を何回もつないで保っている不安定な職のように聞こえるかもしれない。しかし、実際には、かなり高い確率で一〇年、二〇年と続けることができる。

村山さんは、榊さんがロサンゼルスでそのような安定的な職を得たので、ロサンゼルスで研究を行うべく、海外学振（一三ページ）を獲得した。村山さんは、自分の目指していることに近い研究をやっている研究室をロサンゼルスのほかの大学（UCLA）に見つけることができて、そこに海外学振で行くことにした。

ただ、村山さんの職はポスドクなので、ここで終わりではない。二人とも安定的な職を得たい。日本にも応募したが、榊さんのボスは、夫婦両方とも海外に応募することを勧めた。それもあり、村山さんは、海外学振に二年間の任期がついているにもかかわらず、最初の半年が経った頃から就活を始めた。アメリカやイギリスでは、名の知られる大学も含めて面接に呼ばれた。

夫婦とも職を得るための戦略として、二つ以上の空きが告知されている公募に出した。また、公募文章の文言に「当大学は夫婦(やパートナー)を雇用することを促進している」と書いてある公募に出した。それ以外は、各自興味がある公募に出して、もし片方が内定を得ることができたら、もう片方も雇ってもらえるかどうかを交渉する、という作戦だった。夫婦で同じ学科のPIというのは、私もよく見る。イギリスは、アメリカと比べて二つ以上の空きが出ていることが多く、したがって多く応募したそうだ。現職のレディング大学もそのうちの一つだった。

村山さんが先に内定を得た。なので、榊さんを雇用してくれるかどうか交渉したかったが、交渉は文化的に慣れていなくて戸惑ったそうである。ただ、二人のそれまでのボスや同僚がいろいろ交渉の知恵を出してくれた。榊さんは、その後、EUが予算を拠出している「マリ・キュリー」という四年間の職を得た。これはポスドクからPIに近づいていくような職である。ポスドクにしては、待遇がとてもよく、学振のように自由度が高い。そして、「マリ・キュリー」を得たことそのものが、その人の就活市場での価値をかなり上げる。榊さんは、村山さんがイギリスにテニュア付きの職を得たので、イギリス限定で就活を続けた。

榊「最初は面接のコツが分かっていなかったけど、だんだん面接に呼ばれるようになった」

そこであるイギリスの大学から内定を得て、また「マリ・キュリー」の内定も同時期に得て、そういったことを材料として交渉がうまく運び、結局榊さんにもレディングでテニュア付きの職が提供された。

榊「(南カリフォルニア大学の)ボスが何も言わなかったら、多分、他の大学の内定やマリ・キュリーの内定があっても、特に交渉せずに二人で別々のイギリスの大学に就職していた」

イギリスは地理的に大きくはないので、別々の大学に就職しても週末に会えるだろう、と考えたという。レディングでは、二人がともに職を得ることが最大の交渉事項だったので、ほかのことは交渉しなかった。あとから交渉しておけばよかったと思うのが、給料。二人があとで知ったこととして、現職がポスドクでも、今もらっている給料が内定先から提示された給料よりも高ければ、内定先は給料を上げてくれることが非常に多い。もう一つ交渉すればよかったとあとで思ったのは、博士課程の学生の枠をもらうこと。日本と異なり、研究費等を獲得してはじめて博士課程の学生を雇う（学生の学費と生活費を払う）ことができるので、博士課程の学生の枠は貴重な資源である。

ドイツの中心的研究所に――岡隆史（ドイツ・マックス・プランク研究所）

岡隆史《おかたかし》さんの所属するマックス・プランク複雑系物理学研究所、マックス・プランク固体化学物理学研究所（兼任）は、かつてザクセン王国の首都であったドイツの古都ドレスデンにある。チェコやポーランドの国境に近い街である。岡さんは二〇〇五年に東京大学で博士号を取得した。二〇〇六年に東京大学で助教、二〇一二年に同講師、二〇一五年にマックス・プランク研究所でグループ・リーダーとなった。専門は物理学、そのなかでも物性理論。

マックス・プランク研究所は、ドイツの研究で大きな役割を担っている。「マックス・プランク〇〇研究所」がドイツ各地にたくさんある（少数はドイツ外にもある）。〇〇は「精神医学」、「天文学」のように分野名が入る。人文系分野の研究所もある。マックス・プランク研究所は八〇以上ある。各々のマックス・プランク研究所は、研究所によって規模が異なり、たとえば複雑系物理学研究所では三つの分野（物理、原子、生物）にまたがり、一三の研究グループからなる。一つのグループは、大雑把に言うと、大学の教授が率いる一つの研究室相当である。したがって、各マックス・プランク研究所は、一つの大学と比べると規模がとても小さいが、総じて研究力が高いこと、また、数が多いことが理由で、存在感は極めて大きい。「在独PIネットワーク」によると、ドイツでPIをしている日本人の大半が、ドイツの大学の教員ではなく、マックス・プランク研究所のグループ・リーダーである。

岡さんは、学生時代も含めて東京大学に一五年以上いて、新しいところに行ってみたいという気持ちが強くなってきた。また、岡さんの研究分野では、日本よりもアメリカやヨーロッパ、そのなかでも抜きんでてドイツで研究が盛んである。渡独以前、岡さんは数ヶ月間アメリカやスイスで研究したことがあった。したがって、海外については知っていた。アメリカよりもヨーロッパに行ってみたいと思い、現職に応募した。

岡「アメリカのほうが行くのが難しいと思った。アメリカの大学に（PIとして）行くためには、学生の段階で中のシステムに入っていないと難しい。ヨーロッパはその点についてよりオープンだと思った。また、（現在いる）マックス・プランク研究所は自分の研究分野を重視していて、研究環境がよいと思った」

岡さんは、海外としてははじめて現職の公募に応募したところ、内定を得ることができた。採用プロセスはだいたい他の欧米諸国と同じだった。ただ、ビデオ面接はなくて、いきなり現地での面接に呼ばれた。面接には、奥さんとお子さんも連れて行って、もし採用された場合にはドレスデンで家族で生活できそうかどうか、を検討した。

岡さんは、グループ・リーダーであり、数人のポスドクを持っている。ただし、五年の任期制である。岡さんのマックス・プランク研究所では、ディレクターという特別の権限を持つ三人以外は、どのグループ・リーダーも任期制で、数年の猶予以外は任期延長がない。なお、他のマックス・プランク研究所では、任期なしのグループ・リーダーの場合が多い。

完全にフィットしたところだけに応募――名越絵美（スイス・ジュネーヴ大学）

ジュネーヴ大学は、スイスのフランス語圏最大の都市ジュネーヴにある公立大学である。名越絵美《なごしえみ》さんは、二〇〇〇年に大阪大学で博士号を取得した。二〇〇九年にベルン大学でジュニアグループ・リーダー、後にAssistant Professorとなった。二〇一三年にジュネーヴ大学に移籍し、二〇一八年にAssociate Professorとなった。専門はショウジョウバエの神経科学。

名越さんは、日本で博士号を取得して、ポスドクの行き先を探した。論文を読んだりして、スイスのジュネーヴにある研究室を選んだ。その研究室のＰＩにメールを書き、面接に呼ばれてジュネーヴに赴き、ポスドクとして採用された。名越さんの分野では、大多数の人がアメリカへポスドクに行き、何年か研究をして帰国する。それが普通だと思っていた。ただ、名越さんの日本の研究室では、研究室のボスの力量も高かったため、海外を経ずに、卒業生が日本国内の研究室で助教等の職を得ることが多かった。それもあって、周りに相談できる相手がいなかった。

名越「（それでも）私は、（海外に）出ていきたいなと思った。若かったので、将来のことを何も考えていなかった。どういう職があるのかとか。海外に出ていったら将来の職がないとか。将来日本に帰って来たいのなら、日本にも定期的に顔を出し続けるとか。そういうことを考えていなかった。ピュアな学生で、とにかく研究をしたかった。今の学生さんのほうが、先回りしてよく考えている」

名越さんは、結局、スイスとアメリカでポスドクを行った。アメリカでは、学生がゴール思考で、就職のためにはどういう段階を踏む、どういう人とのつながりを作る、どういう論文を書いておかなければいけない、PI就活はこのように行う、という方法論ができあがっている。そういう現実を知ったという。

スイスへ戻ろうと思った名越さんは、その当時二つ出ていたスイスのPI公募にアメリカから応募した。その片方であるベルン大学から内定を得てPIになった。

増田「公募が二つしかなかったんですか？」

名越「スイスは小さい国だし、国立大学は一〇程度しかない。そのなかで自分の分野の応募が一つ二つあればよいぐらいです」

確かに、スイスには大学が一二校しかない。そのなかで、チューリヒ工科大学とローザンヌ工科大学は名門である。その他の一〇大学のなかにも、ベルン大学や、名越さんの現職であるジュネーヴ大学を含めて、私の分野でも国際的によく聞く大学がいくつもある。少数精鋭。

ベルン大学の公募では、ビデオ面接はなく、いきなり大学での面接に呼ばれた。研究発表が四〇分くらい。あとは、先方のPI何人かと会話をして終了だった。

名越「通常の研究発表をし、今後の短期・長期的な研究計画も発表に入れる。就職活動だからといって、慌てて壁をつけて屋根を塗って……、では無理。自分自身の今までの研究をしっかり研究発表に入れて、あとは、どれだけ人と議論して、同僚と共通のアイディアを見つけられるかとか、同僚の仕事への興味とか。それは、付け焼き刃でできることではない。もちろん、絶対に大事なこととして、応募先にどのような同僚がいて、どのような論文を出していて、ということは事前に調べます」

研究発表をするために他の大学に出かけるからには、お互いにとってプラスにならなければいけない。もし何も考えずに出かけたら、お互いに時間の無駄。このことは、就活とは関係ない外部での研究発表でも、一般の会社に就職する場合でも同じ、と名越さんは言う。スイスを含むヨーロッパ全体では、研究発表がしっかりしていて、候補者の仕事がしっかりしていて面白いな、と受け取られて、リーダーとしても大丈夫そう、となれば就活は大丈夫だという。交渉する内容もそれほど多くない。アメリカのように給料が交渉で変わったり、突然増えたり減ったりはしない。名越さんは、研究発表は何週間かかけて真剣に準備し、応募先の人々については調べたが、それ以外の準備はしなかった。

ベルン大学は三年間の契約だった。新しい修士課程のプログラムを始めるから、そのまとめ役、かつ、研究室を持つPIになる。契約は多分更新されるとのことだったが、リスクがあった。第一候補だった人は、リスクが高すぎると判断したのだろうか、内定を蹴《け》った。そこで、第二候補だった名越さんに内定が回ってきた。

名越さんの職は、新しい修士課程のプログラムを作るという名目で、複数のPIが獲得した研究費で作られていた。ところが、予想に反して研究費の更新が認められなかった。そのため、更新されて六年間になると思われていた職が、本当に三年強に縮められてしまった。そこで、また職探しを始めた。ジュネーヴ大学の該当学科の人に、「今、職を探しているんです」と手紙を書いた。そうしたら、面接に呼ばれて、採用された。それが現在の職場である。

増田「すごく高い合格率ですね」

名越「私が完全にフィットするところにしか出していない。ちょっとでも引っかかる、というくらいのところに応募しても、それは無理ですから。スイスでよかったのは、スイスでポスドクをしていたので、知り合いが多いこと。ネットワークは大事かな。あとは、私のボス（最初のポスドクを行った、スイスの研究室のボス）が有名だったので、その名前は役に立った。推薦状は、アメリカほどではないが大事です」

増田「就活で、こうしておけばよかったとかありますか？」

名越「研究説明書をもう少し改善できたかもしれない。でも、表面をきれいにしても、採用側はごまかされない。論文や仕事の内容がちゃんとしてなかったら、表面をどんなにつくろっても無理。あとは、PI就活に必要なステップとか、若手研究者が研究室を立ち上げるさいによく利用されるスタートアップ型の研究費（初期の研究費）の応募条件とかを、早めに調べておけばよかったです。たとえば、ヨーロッパではいろいろなことに年齢制限がある。研究費の応募でも、博士号を取ってから△△年以内、とか。そういうことを全然知らなかった。そういうことを頭に入れて行動しておけばよかった」

名越さんは、最初にジュネーヴにポスドクに来るとき、内定は得たものの、当地のポスドクの職が空くまでに一年間の待ち期間があった。そのため、博士号取得後、日本の大学で待った。ところが、その一年間がなかったら、「博士号を取ってから△△年以内」という制限がついた様々な応募にもっと出せたはずだ。また、大きな論文が出た直後にＰＩ就活をすればよかった、とも言う。

物理学と生物学の接点を——御手洗菜美子（デンマーク・ニールス・ボーア研究所）

ニールス・ボーア研究所は、デンマーク・コペンハーゲン大学に所属する、物理学の研究所である。ノーベル物理学賞のニールス・ボーアの請願で一九二一年に設立された。御手洗菜美子《みたらいなみこ》さんは、二〇〇三年に九州大学で博士号を取得した。二〇〇五年に九州大学助手（後に職階の制度変更により助教）、二〇〇九年にニールス・ボーア研究所 Associate Professor となった。専門は統計物理学、そのなかでも生物系の物理。

御手洗「父親が研究者で、母親が学校の先生だったので、それ以外の選択肢をよく知らなかった。会社に行くってどんな感じなのかな」

という環境で育った。なお、御手洗さんの父親も、御手洗さんが博士課程まで在籍した九州大学で、物理学の教員だった。研究者という選択肢は「選択肢としては、自然にそこにあるもの」とのこと。博士号を取得したあと、学振ＤＣ２（一三ページ）の残り一年分があったので、三ヶ月間アメリカへ渡ったが、いまいちだった。そして、次のポスドクを探すにさいして、分野を変えたい、海外がいい、という二つの希望があった。海外については「どっかに出ないと」と思っていた。結局、御手洗さんは、日本の理化学研究所のポスドクになった。その研究室はPIも他のメンバーも皆外国人だったので、それならいいかな、と思って入った。ただ、理化学研究所に来て一〇ヶ月後に、博士課程まで在籍した九州大学の研究室に職が空き、九州に戻った。

御手洗さんが助教（就任当時は助手）になったのは、その職がテニュア付きである（つまり、第二章で述べたようにPIではないが、定年までいることができる）最後の世代だった。その後、日本の助教は、任期付き雇用になっていった。ただ、御手洗さんは、テニュア付き助教ながらも、紳士協定として五年くらいまで、と言われていた。そこで、この時期にこそ海外に出ないとその後は出にくくなる、と思い、一年間デンマークに滞在した。大学内にそのような留学制度が特にあったわけではないが、研究室の教授も背中を押してくれて、周りにも若い人を海外に行かせてあげよう、という文化があったそうだ。山田《やまだ》科学技術財団から、デンマーク滞在のために一〇〇万円を得た。ただ、一〇〇万円で一年間海外で暮らせるわけではない。実際には、九州大学助教としての給料があるので、デンマーク行きは財政的には可能だった。この一〇〇万円は、「これを獲得したので行く」という意味合いも含めて、御手洗さんが周りの人にデンマーク行きを説得するためのきっかけとして有効だった。

物理学出身の御手洗さんが海外の行き先を選ぶときに、生物学と物理学の接点を研究したいという基準があった。たまたま、現在御手洗さんが属する研究所のＰＩが九州大学を訪問した。御手洗さんのボスである教授も、同じ研究所で数ヶ月を過ごしたことがあって、知り合いだったのである。九州大学で、御手洗さんはそのデンマークのリーダーと話した。研究も人物もよいと思って、デンマーク行きを決めた。デンマークでの一年は、「すごい楽しかった」。研究内容も面白く、物理学と生物学の接点も広がっていて、環境もよかった。あと、「女性が多い」ことに気づいた。

日本の研究室も女性に対して礼儀正しくて、不快だったわけではない。ただ、もし女性が半分いたら男性はこんなことは言わないだろう、ということもある。御手洗さんは、日本の理系で女性が少数派であることについて、自分は肩に力が入ってないと思っていた。ところが、デンマークに来て、「肩が凝ってたな」と気づいたそうだ。

御手洗さんは、ワーク・ライフバランスもデンマークの魅力の一つだと感じた。子どもがいる人は一六時頃に帰宅するし、一七時に会議をやったとしても誰も集まらない。そもそも会議が少ない。ストレスの量が少ない。

日本に帰る頃に、「もうすぐ Associate Professor の公募が出る」と教えてもらった。デンマークは国が小さいので、自分の関係分野での公募はそうそう出ない。御手洗さんは、デンマークにこそ、またその研究所にこそ興味を持っていたので、またとない機会だった。御手洗さんは、この公募で内定を得て、テニュア付きの Associate Professor になった。

何かを残すために——齋藤敬（オーストラリア・モナッシュ大学）

モナッシュ大学は、オーストラリア第二の都市メルボルンにある。大学の世界ランキングで一〇〇位以内の常連である。齋藤敬《さいとうけい》さんは、二〇〇四年に早稲田大学で博士号を取得した。二〇〇七年にモナッシュ大学 **Lecturer**、二〇一〇年にテニュア取得、二〇一六年に **Senior Lecturer** となった。専門は化学、そのなかでもグリーン・ケミストリー。

「自分の死んだ後に何か残したい」という齋藤さんは、高校生の頃から化学の研究者になりたいと思っていた。博士号取得後にアメリカでポスドクになった。齋藤さんの所属していた早稲田大学の研究室は大きな研究室で、一学年につき四人くらいもの博士を輩出していた。研究室の先輩たちの多くが卒業後に海外へポスドクに行っていたという意味で、海外は身近だった。

齋藤さんは、それまで研究していた分野とは少し異なる「グリーン・ケミストリー」という分野に興味があり、その分野を研究しているアメリカのPI何人かにメールを書いて、ポスドクの空きがあるかどうかを尋ねた。運良く、その分野の創始者が研究室を大きくする時期と重なって、ポスドクの空きがあった。メールで給料等を話し合って、アメリカ行きが決まった。

特に齋藤さんのように海外からアメリカへ来る人は、ポスドクを二ヶ所程度（たとえば合計五年）勤めてからPI公募に勝負するのが、齋藤さんの分野の相場だった。ただ、齋藤さんがポスドクを始めてから二年半で、指導教員が起業のために大学を去ることになった。その指導教員から、「グリーン・ケミストリーを学んでいる人はまだ少ない、という強みがあるから、公募に出しはじめてみては？」と助言された。こうして、いろいろな大学のPI公募に応募しはじめた。

齋藤「応募して様子を見て、全部ダメだったら日本かな、と思っていた」

増田「すると、優先度は海外のほうが高かった、ということだと思います。どうしてですか？」

齋藤「自分の研究室を持ちたかったから。三〇歳前後で研究室を持てるのは魅力的」

ポスドクを一回（二～三年）勤めて日本に帰ると、助教で就職する場合がほとんどだろう。日本の助教はPIではなく、研究室を持てないのが普通だ。化学の分野では、最近では准教授でもPIである場合が増えてきたが、二〇〇六年頃は、准教授も教授の下にくっついていてPIではないのが普通だった。

応募書類の書き方はウェブサイトで研究した。推薦書が大事であることは重視していた。あるつながりで知っていた著名な研究者を訪問して仲良くなって、推薦書を書いてもらった。

齋藤「海外だと、どんなに偉かろうが、仲が良くなったら推薦書を書いてくれる。共同研究者でなくてもよい」

アメリカを考えていたので、アメリカの大学に公募を出していた。ただ、現職であるモナッシュ大学（オーストラリア）は、「グリーン・ケミストリー」という齋藤さんの分野での公募が出ていたので応募した。結果、モナッシュ大学のみで面接に呼ばれ、テニュア・トラックの Lecturer として採用された。

隣の国のＰＩ採用事情――石黒正晃（韓国・ソウル大学）

ソウル大学は、韓国で随一の国立大学である。大学入試の競争が非常に激しいことでも知られる。石黒正晃《いしぐろまさてる》さんは、二〇〇〇年に神戸大学で博士号を取得した。二〇〇七年にソウル大学ＢＫ教授、二〇〇九年に助教授（Assistant Professor 相当）、二〇一三年に副教授（Associate Professor 相当）、二〇一八年に教授となった。専門は天文学。

石黒さんは、博士号取得後、海外学振を得てソウル大学でポスドクを行った。そのときに、ソウル大学で任期付きの公募が出て、就職することができた。給料はポスドク程度だった。ただ、この職ではじめて教育にも携わった。

その後、年齢も上がってきて、日本に帰って足がかりを作ることに対しても動き出した。ところが、外国人教員を採用しよう、ということでソウル大学全学で数十人に達するＰＩ公募が出るという情報を得た。周りにも、「応募してみたら」と後押ししてくれる人もいた。韓国では、国際公募と韓国人用の公募が分かれているようだ。業務を回すためには、一定の韓国人教員比率が必要だ。いっぽう、国際的な教員も入れたい。国際公募は、外国籍を持っていることが応募のための条件である。石黒さんは、この国際公募で採用され、テニュア・トラックのPIになった。

ビデオ面接はなかった。書類締切から半年以上経って、ようやく大学での面接に呼ばれた。面接では、公開で、学生なども聞いている前で一時間の研究発表をした。また、その発表とは別に、当該分野の教員に向けて、非公開でより深い研究発表をした。なお、面接の旅費は支給された。

増田「スタートアップ（初期の研究費）はあるんですか？」

石黒「あります。面接の最後のほうで、それなりの研究費を約束してくれた。私の場合は、大半を実験設備に当てた」

日本の大学と比べると多い研究費だったとのこと。給料は、日本とあまり変わらないという。

推薦状は重要――森政貴（シンガポール・シンガポール国立大学）

シンガポール国立大学は、各種大学ランキングにおいて、アジア最高峰となることが多く、近年は、東京大学や京都大学にも大きな差をつけることが定着している。森政貴《もりまさき》さんは、学部教育は日本で受け、日本の金融会社で働いたあと、二〇〇六年にアメリカのジョージア州立大学で博士号を取得した。二〇〇六年に国際大学（新潟県）講師、二〇〇九年に同准教授、二〇一一年にシンガポール国立大学 Assistant Professor となった。専門は不動産学、そのなかでも商業不動産投資。

森さんは、金融会社で働いていたが、子どもの頃から大学の先生になる夢を持っていた。どこかの時点で博士号を取得するために留学をしよう、と考えていた。日本の先生からの助言もあって、金融（ファイナンス）だけでなく森さんの現在の専門である不動産学部を持っているアメリカの大学に留学した。金銭的には、フルブライト奨学金によってこの留学が実現した。フルブライト奨学金には、博士号取得後に日本で二年過ごす、という規定があった。そこで、博士号取得に際して、森さんは日本で就職先を探した。不動産学を研究・教育している大学は日本にはほぼなかった。したがって、不動産とは関係ない金融学で、国際大学に就職した。ただ、フルブライトの規定である二年間が過ぎた頃から、不動産と金融の両方を研究・教育できるところに移りたいと思いはじめ、少しずつ職を探しはじめた。

不動産の学会に足を運んでいるうちに、友人ができはじめた。シンガポールの現在の学部の教授とも知り合いになった。二〇一〇年くらいにフルタイム（PI）の職があることを教えてもらい、応募し、内定を得て、シンガポールに就職した。

増田「すると、就活はすんなりでしたか？」

森「シンガポールは、誘っていただいたので、まあそうでした。ただ、それ以前にアメリカやイギリスを中心に就活をしましたが、不動産というのがすごく狭い分野なので、職がなかなかありませんでした。そこで、金融の分野も含めて就活をしていましたが、こっちが提供できることと向こうが求めていることとの間に差がありました。私は不動産寄りの論文誌に論文を発表しますが、先方はそういう論文誌が分からず、就活はうまくいかなかった。シンガポール国立大学は、独立した不動産学部を持っていて、結構大きい（教員が三〇人くらい）。そういうマッチングがあったのでうまくいきました」

増田「就活の準備はどのようにしましたか？」

森「シンガポールの採用過程はアメリカの大学とほぼ同じ。アメリカ型の場合、インターネットにいろいろ情報が出ている。『金融系の大学での面接でよく聞かれる質問』というウェブサイトもあり、情報を集めた。とはいえ、アメリカ型では、一時間の研究発表が一番大事。発表中にどんどん質問が来る。わざと変わった質問をして、どういう反応をするかを見られる。

あとは、推薦状がすごく重要。アメリカの一流ではないジョージア州立大学で博士号を取ったので、シンガポール側がそれを気にしていた。書いてもらった三通の推薦状は、全部ジョージア州立大学絡みの先生だった。『もうちょっと有名な大学の先生から推薦状を取れないか？』とシンガポール側に言われた。幸い著名な知り合いがいたので、その人に推薦状をお願いした。その推薦状がなかったら、多分採用されなかった」

増田「アメリカだと、面接が二日くらいで、いろいろな人と一対一で話をさせられて、隅まで搾り取られるようなことを聞きます。シンガポールの面接は、その部分もアメリカ的なんですか？」

森「形式上は一緒。三日間で、ランチ、ディナーはもちろんのこと、一対二ぐらいで、ほぼ全員の教員と話をする。ただ、シンガポールでは、国そのものがトップダウンであることとも関係して、最後の決断において、教員それぞれの意見があまり反映されない。学長や学部長に気に入られればオッケー。上が決めちゃう」

増田「採用で何を重視していると思いますか？」

森「ずばり、研究者としての資質。書類選考の段階では推薦書を重視している。有名な教授からの推薦があれば、一次面接には呼ぶ。アメリカで大きい学会があって、そのホテルで一五分程度の一次面接を候補者たちに行う。その面接で、候補者が研究を説明するさいに、わざと厳しい質問をしてみる。候補者が、単に有名な先生の手下だったのか、それとも、自分で主体的に研究できるのか、を見極める。そこである程度しっかりしていれば、大学のキャンパスでの二次面接に呼ぶ。そこでは、一時間くらいの研究発表で、今後もいい研究をしてくれそうかをしっかり評価する」

増田「今後の研究費獲得の可能性よりは、良い研究をする可能性を評価しているということですか？」

森「その通りですね。研究費は勝手に入ってきている部分があるのと、文系なので、そんなにお金をかけなくてもできる研究が多いので」

香港の就活事情——小林哲郎（香港・香港城市大学）

香港城《じょう》市《し》大学は香港にある公立大学であり、様々なランキングで香港の三〜四番手に位置することが多い。一九八〇年代に設立された。小林哲郎《こばやしてつろう》さんは、二〇〇九年に東京大学で博士号を取得した。二〇〇七年に国立情報学研究所助教、二〇一一年に同准教授、二〇一五年に香港城市大学副教授（Associate Professor）となった。専門は社会心理学をベースにした政治行動や政治心理の研究。

小林さんは、皇居の目の前にある、国立情報学研究所（学部はなく、大学院は総合研究大学院大学と連携する大学共同利用機関法人）でＰＩだった。国際学会にはよく行っていて、海外の研究者とのネットワークは築いていた。

准教授の職のまま、海外学振を得て、アメリカ・カリフォルニア州にあるスタンフォード大学に二年間滞在した。その滞在を通じて、考え方が変わってきた。情報学研究所の仕事環境はよかったが、基本的にはコンピューター科学の研究所である。小林さんは社会科学者なので、社会科学の総合大学に移ろうか、と考えた。そこで首都圏で職を探したが、魅力的な公募は出なかった。アメリカ各地にも大学はあるが、小林さんは日本ですでにテニュア付きの准教授だったので、僻地《へきち》にある大学も含めて何がなんでもアメリカ、とは思わなかった。そのため、海外の大学に応募しようとは考えなかった。

その頃、海外の学会で知り合ったある研究者が、小林さんに電話をかけてきた。小林さんの現在の同僚である。彼は、小林さんが現在所属している香港城市大学で、採用委員会の業務をしていた。「日本はどう?」という会話から始まって、「仕事を探してるけど、なかなか良い職はないね」という話になった。そして、その人に、「何人か定年退職する先生がいて、公募が複数出ているからどう?」と香港に誘われた。そこで、小林さんは応募した。

増田「私がそうだったのですが、就活や面接のやり方について、日本では情報が入りにくくて困りませんでしたか?」

小林「スタンフォードにいたときに、(PI就活をしている)候補者を見ていた。また、(香港に誘ってくれた)知り合いの彼が、『こうしたほうがいい』といろいろ教えてくれた」

面接で初香港。面接は、日本よりは密度が高いけれども、スタンフォードで知っていたアメリカの面接ほどではなかった、と言う。委員会相手の面接が四〇分くらい。動機、なぜアメリカで学位を取らなかったのか、来たら何を教えることができるか、などを尋ねられた。その他は、研究発表、相手方のいろいろな人と一対一で話すこと、会食。全部で一日強。相手方と一対一で話すのは、「アメリカで見聞きしていたほどプレッシャーを感じるものではなかった」。

内定をもらってから、給料の交渉をすることを考えた。給料は、基礎部分と諸手当からなる。ただし、諸手当は、必要度に基づいているわけではない。もし必要度に基づいているなら、たとえば、子どもの人数に応じてもらえる部分があるが、そうではないということ。誘ってくれた同僚が、基礎部分は交渉不可能で、交渉するとしたら諸手当の部分だ、という知恵をくれた。そこで、学部長に交渉してみたが、「君はもう最大限もらっているから駄目」と言われた。

増田「香港やシンガポールの給料は随分高い、と聞きます。どう思いますか？」

小林「香港のなかでもばらつきが大きい。研究分野によっても給料が違う。それに、香港の田舎のほうの大学だと、給料の一割くらいで家を借りられる。自分の大学の場合は、（都会にあるので）給料の三割くらいかかる。一概には言えない。給料は、情報学研究所よりも全然高いが、香港は家賃が随分高い。ほかにも出ていくものが大きい。生活がすごく楽になった、という気分は全然ない。家族構成とかにもよる。どんなパターンでも香港やシンガポールのほうが経済的によい、とは言えない」

採用側は、研究業績と研究費を取れそうかどうかを見ている。戦略的に非中華系の人を採るべきかどうかも意識している。なるべく国際化したい。いっぽう、いろいろな場面で中国語話者が主流になる。二面性がある。小林さんの大学は、東京でＰＩの就職説明会をやったこともある。ほかにも、国際学会でちょっとした会を設けて、ＰＩ候補者になりそうな人に声をかけて、食事をしながら話をしたり、という活動もしている。

増田「不思議に感じます。香港なら、そこまでしなくてもいろんな人が喜んで来てくれそうな気がします」

小林「若手は取りやすい。応募もたくさんある。ただ、准教授とかになってくると、子どもの問題などもあり、簡単に来られない。香港は人の出入りが激しい地域で、日本みたいに二〇年三〇年働いて上がっていく、という道筋がほとんどない。だから、シニア（たとえば教授）の人が辞めると、シニアの人材を補充しなければならなくなる。アメリカで名の知られた人に『香港に来て下さい』と言っても、来てもらうのは難しい」

増田「そうはいっても、英語なので、日本や中国本土と比べると、随分来てくれそうに思えてしまうのですが。日本と違って魅力的な給料も提示できるし」

小林「日本と中国本土に比べれば圧倒的に有利だと思いますが、それでもシニアで人を呼ぶのは、給料が魅力的でも結構大変」

若手PIでは、中国人で、アメリカに留学して博士号を取ったが、アメリカの大学には就活市場の状況や実力的な理由で就職できなかった人が多い。かつ、そういう中国人の多くが、中国本土には帰りたくない。国際的なつながりを保ちたい。そういう中国人には、香港、シンガポールは魅力的だと言う。

高度なサポート体制——河野洋治（中国・中国科学院・上海ストレスバイオロジーセンター）

中国科学院・上海《シャンハイ》ストレスバイオロジーセンターは、上海の中心から四〇キロほどのところにあり、一八の研究室を有する研究所である。河野洋治《かわのようじ》さんは、二〇〇一年に奈良先端科学技術大学院大学で博士号を取得した。二〇〇六年に同大学助教、二〇一五年に上海センターのジュニアグループ・リーダーとなった。二〇一六年より、在中日本人研究者の会の会長も務める。専門は植物生化学。

増田「どのような経緯で中国でPIとして独立されたのですか？」

河野「私は、二〇一四年まで、奈良先端科学技術大学院大学の故島本功《しまもとこう》教授のもとで、助教をしていました。そろそろ独立してもよい年齢だと思い、独立ポジションを探しはじめました。公募に出すさいに『世界中の公募に出したらどうなるのだろう?』という素朴な興味から、海外の研究所にも応募を始めました。現所属である上海センターは、二つ目に応募した海外の研究所でした。

四月末に申請書を送付したのですが、面接が五月末、契約書を交わしたのが六月末という、速いスピードで上海に渡ることが決まりました。面接は全て英語で、初日は、研究所全体での研究発表、雇用を審査する選考委員会のメンバーとの非公開の面接、全研究室長と夕食、その後、上海の繁華街に消えるというハードなものでした。お酒を飲むのが大好きな私ですが、さすがに出されたお酒を楽しむ余裕はありませんでした。二日目は、全研究室長との個別面接、その一週間後には、ディレクターとビデオ面談で話して雇用の詳細を詰めるというスケジュールでした。私の経験や友人から聞いた範囲では、少なくとも外国人に対しては、英語での欧米型の面接を行うようです。そのため、近年、私のように海外から中国に移籍する外国人研究者が増えています」

河野さんは、私と同様、それまでの経歴がずっと日本だったが、ウェブなどでしっかり情報を集めて対応した。特に、現職のディレクターが、アメリカで教授をしていたので、採用過程もアメリカ型。そこで、アメリカの情報をウェブで集めた。面接でも、中国でその分野のトップの人たちからなる選考委員会が構成されて、一対一で、「現在行っている研究プロジェクトを持って移籍できるのか」という質問も含めてしっかり面接された。また、各研究室長と一対一で二〇～三〇分ずつ話した。このようにアメリカ式で面接が進みつつも、ディレクターの決定権限が大きいようだ、とのこと。

増田「推薦状では苦労しませんでしたか？」

河野「サポートしていただける人に恵まれました。植物免疫研究で有名なWang博士とKamoun博士などにサポートしていただきました。Wang博士は、元上司である島本先生の友人であり、個人的にも数年間共同研究を行っていました。Kamoun博士とは、二〇一二年に京都で行われた学会の大会が縁で知り合うことができました。私は京都大会の事務を担当しました。それまで、国内学会の事務すら担当したことがない私がいきなり一〇〇〇人規模の国際学会の事務を任され、はじめは困惑しました。しかしながら、学会事務活動を通じて、当時学会長であったKamoun博士と親交を深めることができ、就職のさいにはサポートしていただけました。海外での独立と聞くと、何か特別なものが必要な感じがしますが、私の場合は、特にそのようなものはなく、日頃の日本での研究活動の延長線上で独立することができました」

五年契約で、赴任費用、面接の渡航費用や初期研究費などが支給されたそうだ。採用過程もそうだが、ほかのことについても、合議ではなく、ディレクターからのトップダウンで決定が速い。

日本同様、自国人（中国人）以外の研究者は少なく、ただ、いくつかの大学では外国人研究者を積極的に採用しようとしている、と言う。近年、海外のトップ大学・研究所と中国の大学・研究所の合同研究室が多く作られており、そういう場所では外国人が積極的に採用されることがあるようだ。

増田「中国でポジションを得るためには何が必要だと思いますか？」

河野「大きく分けて二つのパターンがあると思います。一つ目は、中国人のボスが、アメリカなどで教授をしていたときに博士研究員として働いており、ボスが中国でポジションを見つけたさいに、中国に呼ばれる場合。中国に移籍する前から、ボスの人となりをよく知っているので、安心して中国に移籍できるようです。このケースはよくあります。二つ目は、やはり論文の実績だと思います。私の場合は、その二つに当てはまらないのですが、私の研究分野が研究所の目指している方向性とすごく一致したことです。上海センターは、上海ストレスバイオロジーセンターという名前から分かるように、生物学的あるいは非生物学的なストレスに対する応答を主に研究しています。私の専門分野は植物免疫学分野ですが、植物の病気は主要な生物学的ストレスの一つであること、また、私以外にイネおよび穀物を中心に研究を行っているメンバーが全くいなかったため、研究所の需要にフィットしました」

中国における日本人研究者は、増えつつある。日本人研究者が他の日本人を紹介して、中国で教授として就職が決まることもあるそうだ。こういうときも、決定は速いことが多い。いっぽう、中国の大学で教授になることは、年々難しくなってきている。競争が激しくなって基準が上がってきているからである。

お隣の教授が中国に研究所新設——高畑亨（中国・浙江大学）

浙江《せっこう》大学は中国の杭州《こうしゅう》市（上海から超特急で一時間程度。人口約九五〇万）にある国立大学である。国内で、清華《せいか》大学や北京《ペキン》大学に次ぐトップ大学の一角である。高畑亨《たかはたとおる》さんは、二〇〇五年に総合研究大学院大学で博士号を取得した。二〇一四年に浙江大学のシステム神経・認知科学研究所教授となった。専門は比較神経解剖学。

高畑さんは、アメリカ・テネシー州にあるヴァンダービルト大学でポスドクをしていた。PI就活は、二年近く行っていた。日本とアメリカを狙いつつ、公募があれば他の国にも応募書類を出していたが、引っかからなかった。その頃、隣の研究室の中国系アメリカ人のボスが、中国に移ってサルの脳の研究所を新設することになった。高畑さんと知り合いである。その人は、一五〜二〇人のPIを新しく雇う予定で、「人を集めているので応募してみないか」と高畑さんを誘った。そこで高畑さんは応募し、面接を経て内定を得た。それが現職である。

高畑「新しい所長がアメリカ人の先生で、その先生自体がアメリカのやり方しか知らないので、提出書類はアメリカと全く一緒だった」

面接もアメリカ型だったという。ただし、まだ他のPIが着任していなかったので、採用側は、実質その所長の先生だけ。その人が、一人でやって一人で決めていた。もっと後の候補者は、すでにいるPIと一対一で話したり、夕食に行ったりした。

給料や研究費は、最初に額を聞いたときに十分だと思ったので、高畑さんは交渉をしなかった。引越費用は交渉したが、出なかった。大学のキャンパス内に教員用住居があって、普通に借りる場合の三分の一程度の家賃で借りられる。また、子どもがいる場合、キャンパス内の大学付属の幼稚園や小学校に入れることができる。

現地に適応できるか——仲澤剛史（台湾・国立成功大学）

国立成功《せいこう》大学は、台湾《たいわん》の西南部にある台南《たいなん》市に位置する国立大学である。台南は、台北《タイペイ》から新幹線で二時間弱のところにある。同大学は、公立の名門大学四校を集めた台湾総合大学システムに属し、国際化を目標とした重点大学にも指定されている。仲澤剛史《なかざわたけふみ》さんは二〇〇八年に京都大学で博士号を取得した。二〇一三年に国立成功大学助理教授（Assistant Professor）、二〇一七年に同副教授（Associate Professor）となった。専門は理論生態学。

仲澤さんが台湾でPIになるまでのいきさつは、彼が数理生物学会のために書いた記事に詳しい（巻末に参考文献として挙げた。無料で閲覧可能）。仲澤さんが博士課程で在籍していた研究室に、台湾人のポスドクがいた。その人が台湾に助理教授として戻り、仲澤さんにポスドクで来ないか、と声をかけた。台湾の研究環境については知らなかったが、仲澤さんは即決した。

台湾のポスドクの任期のあと、学振PDを獲得して、任期の三年間のうち一年半を台湾でポスドクとして過ごした。次に、海外学振を獲得して、台湾でポスドクを行った。日本でも就活をしていたが、なかなか見つからなかった。そのなかで、台湾の大学に少数だけ応募を出して、国立成功大学に助理教授（PI）で採用された。日本と台湾以外は考えなかった。

増田「台湾でPIになるには、どうしたらいいんですか？」

仲澤「外国人を雇おうというのは少しずつ増えている。でも、英語で指導したり授業したりする大学はそれほど多くないので機会は限られている。そもそも、台湾の大学が公募を出すときに、外国人に絞って公募を出すことは少ない。コネはとても大事だと思います。コネがあれば大丈夫という意味ではなくて、知らない外国人を雇うことに対する心配はあります。採用してもすぐ帰国されては困るので。どれくらい長く台湾に住めるか。適応できるか。大事だと思うんですけれども、採用側はそれに気づかず、候補者もあまり気にせず、来てからあまりうまくいかなくなって戻ってしまう、という場合も多い」

したがって、そもそも外国人が採用されうるかどうかを見極める必要がある。仲澤さんは、台湾に長くいたので、台湾の大学の個別事情を知っていた。とはいえ、採用側が仲澤さんを知らないということで不利になりかねないので、台湾の研究者との共同研究、どれくらい台湾を好きか、も応募書類や面接でアピールした。簡単な中国語で挨拶《あいさつ》すると受けがよかったとのこと。

公務員扱いなので、給料等の交渉の余地はほとんどなかった。

専門的な技術が強み――鈴木真太郎（グアテマラ・デルバジェ大学）

デルバジェ大学は中米・グアテマラの首都グアテマラ・シティにある。一九六六年に設立された、非宗教系の私立大学である。鈴木《すず》真太郎《きしんたろう》さんは、学部を日本で卒業し、二〇〇八年にメキシコのユカタン自治大学で修士号、二〇一五年にメキシコ国立自治大学で博士号を取得した。二〇一五年にデルバジェ大学で非常勤講師、二〇一七年に同Catedrático（Associate Professor相当）となった。専門はマヤ考古学、特に考古人骨の研究。

鈴木「具体的に就職活動があったわけではなかった。メキシコの大学に所属して修士・博士課程をやりつつも、ホンジュラスで仕事をしたり、グアテマラの大学がやっている調査プロジェクトに参加したり、そういうことを繰り返していた。その流れのなかで、声がかかった」

最初の一年は非常勤講師。日本の非常勤講師と同様で、行った講義の分だけの時給が払われた。その後、テニュア付きの准教授になった。

増田「そのような就職の仕方は、中米の考古学では普通ですか？」

鈴木「中央アメリカの考古学にはアメリカの大学が入って来ることが多いのですが、私が聞く限りアメリカの大学の就職（公募があって、など）とは違うと思う。グアテマラの大学だと、声がかかって就職するというのが多い。公募でやるという感じではあまりない」

増田「それは中米の考古学での就職の形ですか。それとも同じ大学のほかの理系や（考古学以外の）文系の部署でも、そういう傾向はあると感じますか？」

鈴木「あると感じますね。特に私の大学は私立大学なので」

増田「アメリカの大学だと、条件をいろいろ交渉すると聞きます。グアテマラはどうですか？」

鈴木「ありますね。基本給がものすごく低いので、交渉しないと上がらない。しかも、交渉しても上がらないことが多いので、交渉する価値もなくなっていくのですが。ただ、条件を変えるには、交渉しなければならない」

増田「就活のコツは？」

鈴木「個人的なつきあい。あとは、学科・学部・研究センターを主管している人のデザイン。どういう人材が足りないからどういう人を欲しいか。そういう人材や、それに近いことができる人を、彼が知っている人のリストから選ぶ。私たちの業界では、専門的な技術を持っていろいろなところに顔を売っておくことが大事です」

鈴木さんは、メキシコ、グアテマラ、ホンジュラスには直接関わっていたので、この意味で顔が売れていた。さらには、エルサルバドル、ニカラグアくらいまでは知られていたようだとのこと。というのも、全く知らないプロジェクトから「こういう古人骨が発掘されたので協力してほしい」という依頼が鈴木さんに時折入ってくるからである。

増田「論文業績や本の業績は、就活で重視されるんですか？」

鈴木「そうでもない気がしますね。ほとんどそういう業績が皆無だけど採用される人もいる。それよりも、専門的な技術を持っていて使える。最低限こういう報告書を上げることができる。そういう人のほうが喜ばれる感じがする」

第四章　海外の大学での仕事

仕事内容は一見似ている

海外の大学でＰＩになると、どのような仕事が待っているのだろうか。日本の場合と何が違うのだろうか。

仕事の項目を並べると、日本と海外は一見似ている。今の私の仕事は、研究、教育、（教育以外の）大学業務という三つの柱からなり、日本のときと同じだ。また、教育業務の中身は、授業を行うこと、試験を作成したり採点したりすること、大学院生の指導などであり、これも日本と似ている。

しかし、各項目の中身、期待されている仕事内容、評価のされ方、時間の使い方は日本とイギリスの間でかなり異なる。そこで、本章では、海外の大学におけるＰＩの仕事内容を述べる。ＰＩの仕事は、ＰＩ就活と同様に、あるいはそれ以上に国や分野による差異が大きい。したがって、本章の内容は、私の経験や知識に偏っている。次章で、国や分野が異なる日本人ＰＩに、個別事情を含めて語っていただく。

授業負担

日本では、一つの科目は週に一回、たとえば一時間半だけ授業があることが多い。ほとんどの他国では、一つの科目の授業が週に二、三回あり、たとえば一時間ずつ、合計二〜三時間行われる。したがって、海外では、各学期において、日本よりかなり少ない科目の授業が、日本よりかなり速く進む。このことは、留学関係の書籍などで比較的よく知られている。ただ、ここで論じたいのは、学生から見た授業時間割ではなく、教員から見た授業時間割である。

海外で、理科系の多くのＰＩが「この程度ならばよい、こんなものだろう」と感じる授業負担は、一学期に一つの授業を担当することである。授業を二人で半分ずつやるなら、〇・五の貢献として数えられる。私の大学は二学期制なので、年に二つの授業を持つのが標準量だ。この量で不満を言うＰＩはあまり見ない。研究よりも教育が重視される大学では、この標準量よりも授業は多くなる。私の大学でも、教育の比重が大きいほかの学部では、この標準量よりかなり多く教えているＰＩがいる。なお、教育に特化して雇われている教員（ＰＩでないことが多い）もいて、そういう教員は標準量の二倍以上を教えたりする。逆に、研究力が強い大学では、この標準量よりもかなり授業負担が少ないこともある。

私の学科では、実際には、この標準量に加えて、一回だけ教える授業や、学生が数人の班になって行うプロジェクトの進捗《しんちょく》報告、発表会、レポート採点などがある。私の学科では、これらは標準量の計算に入らない。ただ、これらの授業負担の量は、大きくない（ただし、無視できるほど小さいわけでもないし、年々大きくなっている）。

私の大学の一学期は一二週だ。しかも、そのうちの一週間は「予習・復習のための週」で授業がない。この期間に、授業に追いつくべく勉強している学生もいる。いっぽう、特にイギリス人学生の多くは、実家に帰ってゆっくりしている。したがって、私たちが教壇に立つのは一学期につき一一週だ。一年五二週のうち二二週しか授業がないのだ。授業の準備や管理はかなり大変だが、授業で拘束されている週が一年の四割しかない。イギリスにはこういう大学が結構多い。日本では、私の場合は、一学期が一六週だったので年に三二週授業があった。アメリカでも、二二週よりはかなり多い大学がほとんどだ（たとえば三〇週）。

一学期に一コマだと、片方の学期に二コマを寄せることをしやすい。これを行うと、片方の学期は授業でとても大変になるが、もう片方の学期には主要な授業がなくなる。研究者は、細切れの時間の合計が多いことよりも、何もないまとまった時間帯が大きいことを好む傾向がある。大きい時間枠があれば、研究も集中的にできるし、出張もしやすい。細切れの時間には、細切れでできる種類の仕事しかできない。大学側は、片方の学期に自分の授業を寄せてしまいたい、というPIからの要望に対して寛容なことが多い。アメリカやオーストラリアでも同様の事例を聞く。

日本ではそうしにくい。一部の大学を除いては、教員は一週間に一回だけある授業を、一つの学期に二、三個、あるいはもっと多く担当している。これを全部片方の学期に寄せる例は、たまにしか聞かない。一と一だったのを二と〇にするよりも、三と三だったのを六と〇にする調整のほうが大変なのかもしれない。また、がんばって六と〇にしたとしても、会議やほかの業務は依然細切れに起こるので、まとまった大きい時間を得るのが難しくて、寄せようと思わないのかもしれない。

授業評価

イギリスの授業評価は結構厳しい。学生から逆評価されるのは、昨今の日本の大学でも増えているようだが、イギリスや他国の大学でも頻繁に行われる。授業の評価点数は、昇進審査でも参考にされる。ボーナスの査定に使う国もある。

学生からの評価点が低いと、私の学科では担当教員が講習を受けさせられる。私も受けたことがある。具体的には、模擬授業を二回させられてダメ出しをしてくれた。学科長、教育に特化した教員、何人かの学生代表が座る。

そこで言われたのは次のようなことだ。授業を一五分くらいのまとまりに細かく区切って、一つのまとまりの終わりごとに小問題をはさむ。スライドで行う授業では、何ページも前に戻ったりしない。スライドにわざと空欄を作っておいて、授業でそれを埋める。すると、学生もそこだけスライド（紙に印刷して授業開始時に渡す）を埋めて、手を動かしてもらうことができる。スライドを読むことは、学生たちもあとでできるのでしない。冗談を入れる（これは外国人には敷居が高いが、笑える写真やビデオのネタを用意しておくことはできる）。こういった有益な助言を得た。日本では教える訓練を受けなかった私には、新鮮だった。これらの助言を次の年の授業で実施したところ、学生からの評価点は上がった。

イギリスには、NSS（National Student Survey）という、国が全大学の学生に実施しているアンケートがある。授業のことに限らず、学生が自分の大学を逆評定する。毎年、この集計結果は公にされる。イギリスの大学は、この評価をとても気にしていて、NSS対策は会議の話題にもなる。悪いNSS評定を受けると、学生が入学してくれなくなるかもしれないし、学生を雇用する企業がその大学の学位を評価しなくなってしまうかもしれない。研究力や大学の知名度は、NSSの評価点数とさほど関係がない。隣の市にある大学は、この点数が概して高く、キャンパスのなかを歩いていても、建物の壁に「NSSの△△評価で、我が大学は全英で一番でした」と張り出している。正直、私はその宣伝を毎日見ながら通勤したくない。

全くの私見として、イギリスでは、学生に「がんばらせる」とこの手の逆評定は下がりやすいように感じる。がんばる、とは至って日本的な概念かもしれないが、「学生にがんばる力を身につけさせる」ということは、イギリスの大学では実践されていないように私には見える。岩にしがみついてでもがんばることを数ヶ月単位で続けて、成長に結びつけることができるイギリス人学生も、少しはいる。ただ、少ない。日本もイギリスも大学を卒業するための要件は甘いが、その理由は異なるように見える。このがんばらなさには、大学の卒業が簡単ではないアメリカ人（アメリカも、最近は大学によっては卒業が簡単になってきている、とも聞くが）も、ドイツ人も、ブラジル人も一様に驚く。

それなりの授業評価点数を得るためには、学生を授業に惹きつける必要がある。また、落ちこぼれた学生を置いていくこともよくない。彼らが低い評価点数をつけるかもしれない。学生が寝ていたりおしゃべりをしていたりすると、そういう学生ではなくて、学生を惹きつけない授業をする教員が悪い、という雰囲気が少なからずある。これは、日本の授業方法や、日本の教員と学生の間に横たわる明らかな上下関係に慣れてしまっていると、適応に苦労する。とはいえ、「おしゃべりで授業を乱す学生をどうすればいいのか」と同僚のイギリス人教授に聞いたら、「出ていきなさい、と言ってしまって構わない」との回答だった。大学は高等教育機関として毅然《きぜん》としているべきという価値観と、ビジネスとして考えると大学は高等幼稚園にならざるをえないという価値観との間で揺れ動いているように見える。

ともあれ、淡々と授業をして、ついて来る人だけついて来なさい、という態度では最低評価を喰《く》らいかねないのは間違いない。黒板やスライドで、学生の反応を気にせずに我が道を進んでいくのは、ご法度中のご法度だ。学生から、「授業がよく分からない」という文句が学期中に来ることもある。「授業に来ない君たちが悪いんでしょう」と心のなかでは思っても、そのようなことはおくびにも出さず、にこやかな対応をするべきだ。自分の授業が下手だからかもしれない。補講（学生にとっては必須ではない）や練習問題の会を追加で設けて、さらなる授業サービスを提供したりする。日本と比べて学生の権利が随分強い。

アメリカでは、学生が授業について勝手に教員の部屋に質問しに行ってよいオフィス・アワーと呼ばれる時間帯が、毎週決まったときにある。しかし、イギリスでは、私の知る限り、オフィス・アワーを作っても、それ以外の時間にも学生はいきなり部屋に質問をしに来やすい。中学校や高校のような距離感である。自分で考えさせるように導いたり、今は忙しいから予約してから来なさいなどといって追い返したりしにくい圧力がある。授業評価のことが頭をよぎる。

学期末試験

イギリスや他のいくつかの国（例：デンマーク、オーストラリア）では、定期試験の準備も日本よりかなり大変だ。なぜなら、事前に作成した試験問題が、ほかの教員や大学外の委員にチェックされなければいけないからである。自分もまた、自分が担当していない授業の試験問題をチェックする係になる。模範解答と採点基準も作らされ、それらもチェックされる。チェック係は、間違いを指摘するだけでなく、この問題は難しすぎるとか、簡単な割に配点が多すぎる、という意見を述べる。これらのチェック作業や公式な承認作業にかかる時間を逆算した結果として、学期が始まった直後くらいに、学期末試験の問題と解答を提出させられる。

追試とその解答も作る必要があり、それらもチェック係に回される。追試は、本試験に落ちた学生が受ける。もし学生全員が本試験で合格すれば追試を行う必要がなく、追試問題を作る必要がない（もっとも、そのような場合は稀だ）。ところが、追試が必要になるかどうかは、本試験とその採点が行われるまで分からない。本試験を行ったあとに追試の問題や解答を作っていては、チェックが間に合わない。したがって、もしかしたら必要ない追試のために、追試の問題と解答を作って提出し、チェック係の目を通す。膨大な労力だ。

それと引き換えに、イギリスでは、大学教員が試験監督を行わない。定期試験だけでなく、大学入試や大学院入試の試験監督業務もない。そもそも、大学入試や大学院入試の筆記試験がないので、試験問題を作る業務がない。

授業についてまとめると、一つの授業で比べた場合、イギリス（や他国の多く）の授業は、教員への負担が日本よりもかなり大きい。欧米の授業一コマの負担が、日本の授業三コマくらいの負担に相当すると私は感じる。ただし、授業の週数が少ない、また、一つの学期に寄せやすい、という理由で、イギリスでは日本よりも授業から自由な時期を作りやすい。授業負担の総量は、日本とイギリスで大きな差がないかもしれない。また、イギリスでは、授業評価を本気で気にしなければならず、試験問題のチェックが厳密である。こういった理由で、イギリスでは学生に対する見えない責任が重く、精神的には疲れる気がする。

なぜ会議が少ないのか

日本のPIは会議に圧倒されがちだ。発言することが期待されていなくても出席しなければならない。出席することに意義がある。北海道のある大学で、会議が多すぎるので「会議を減らす実行委員会」を作ったら、結局その委員会の会議が増えただけで会議の総量は減らなかったそうだ。

イギリスでも他国でも、会議は日本よりも圧倒的に少ない。しかし、他国では日本よりも決定すべき事項、議論を必要とする事項が少ない、というわけではない。どの国のどの大学も、新しい難題、古い難題、難題ではないけれど処理に時間がかかる問題に常にさらされている。それでも他国では日本よりも会議が少ないことには、二つの仕組みがあると思う。どちらの仕組み（あるいは二つの仕組みの中間）を採用しているかは、国や大学による。どちらの仕組みも、日本にありがちな「皆で合意や確認をとりましょう。共有しましょう」という過程を極力排除し、時間を節約している。

一つ目の仕組みは、トップダウン化である。学科長のワンマン、あるいはトップ二、三人だけが全てを決める。他のPIとは話し合う必要がないから、意思決定が速く、会議は基本的に必要ない。トップが誤って暴走しても他の人が止めにくいという短所と隣り合わせだが、会議が少ないという長所が、短所をかなり上回ることが多いように見える。ドイツ、中国、シンガポールの大学は典型的にトップダウンである。

二つ目の仕組みは、権限委譲である。下の人に意思決定権限を移譲してしまうのだ。

私は交換留学担当だ。准教授相当である私の裁量に任されている。既存の留学先を何らかの理由で削る、といったことは、新しい交換留学先を加える、そんなことまで学部全体で共有したり話し合ったりする必要はない。たまに開かれる学科会議で報告してもいいが、報告しなくてもいい。分担がはっきりしているだけでなく、権限委譲されている。本学科や大学の利益になるように自分で進めて下さい、というのが私の仕事だと理解している。

日本ならば、大学によるだろうが、留学先を追加・削除するような変更は、准教授の一存で決めることはできず、学科長なり学科会議なりに諮って了承をとる必要がある気がする。日本の業務分担は、情報収集や利害者間調整といった業務の分担であり、決定権の分担ではない。

たとえば、悪事を犯した学生の処分をしなければならないとする。比較的軽い初犯なら、イギリスでは、担当の教員が処分を決めておしまいである。日本では、学科会議の議題に上げて、何十人もの教員を巻き込んで決定する。会議も長くなる。

大学入学担当、図書担当、授業編成担当、カンニング・剽窃《ひょうせつ》担当、広報担当などがいて、各PIがこんな形で仕事をしている。大学入学担当のPIは、今年の志願者や入学者の人数、合格ラインなどを結構まめに学科会議で報告する。それは、この数字が学科の存続や財政に関わるほど大事だからだ。しかし、図書担当や授業編成担当などは、まめに学科会議で報告することはせずに、それぞれ仕事を進めているようだ。したがって、自分の担当業務でないところで何が起こっているかは、担当教員に積極的に尋ねるか、担当教員が会議で説明をしない限り、ほかの人には分からない。ただ、このやり方で問題なく回っている。一ヶ月に一回ある学科会議（私が赴任した頃は三ヶ月に一回だったので、増えてしまって残念だ）では、重要事項だけを共有して議論する。これが、権限委譲、と書いた意味である。

権限委譲と言っても、それでも、学科長の判断や合意が多くの場合に必要で、学科長は激務だ。私の学科の学科長の激務ぶりは、日本の大学の学科長と同等だ。研究するような時間などとても取れない。学科長以外でも、特に教授はいくつかの学内業務の役職を持っていたりする。ただし、学科長ほど忙しいわけではない。学科長以外の教授は、研究やプライベートを十分に楽しんでいる。これは、教授職の人は学科長であろうとなかろうと何かと忙しいのを日本で見続けていた私にとっては、衝撃的だった。

若手から中堅のPIが大学業務に圧倒されることは、外国でもないわけではない。たとえば、アメリカで准教授（アメリカと日本の職階の違いについては一四八ページで述べる）をしている知人が、PI採用の委員会の主要メンバーとして、しばらくとても忙しかった。なにしろ、何百もの応募書類が送られてきたり、何日もかけて候補者たちを一人ずつ面接するのだ。彼女は、授業をする時間すらなく、書類を見たり、一〇人をはるかに超える候補者の面接の世話をしたり、ということに一年くらい追われた。ただ、その業務も終わって私が久しぶりに会ったときには、お疲れ様賞として、その学期の授業やほかの業務も全て免除されて、研究活動にいそしんでいた。

日本でもそうだが、教授のなかには、学科長業務に向いている人とそうでない人がいる。海外では、学部長を公募して教授として採用することもよくある。日本では、教授の定数が厳格であったり、学部長は教授間で平等に持ち回りにしたりするので、これまた驚いた。もう一つ驚いたことに、欧米の多くの国では、教授だけでなく准教授も学科長になることができる。

会議を欠席する理由

会議への出席はどれくらい必須なのだろうか。私の学科の場合、用事があれば出なくてもいいが、用事がなければ出て下さい、という程度である。用事がある場合は、理由を提出(Apology という。訳すなら「ごめんね」というくらいの語感)しておくが、理由を詮索《せんさく》されたり、それを提出しないことで問いただされたりはしない。

どこまでが用事であるかの定義には驚いた。イギリスに赴任したての頃、子どもが通いはじめた小学校が家から遠い時期が一ヶ月間あった。その間、私が片道一時間強の子どもの送り迎えをした。そもそも、イギリスでは子どもが一人で小学校に行ってはいけないことになっているのだ。送り迎えをしなくていい日本は安全である。小学校は三時一五分に終わるので、二時半に大学を出て小学校に迎えに行っていた。したがって、三時から始まる三ヶ月に一回しかなかった会議を欠席した。理由が私的なのでどう対処していいか分からず、「ごめんね」を言っておく、という仕組みも知らなかった。知っていたとしても、子どもの理由で使おうとは思わなかった。そこで、私は無断で欠席した。イギリスだから会議の出欠など見ていないだろうと予想した。ところが、後日、複数の教員から「いなかったね」と言われた。非難というほどではなかったけれども。そこで、私は、小学校のお迎えのことを説明して謝った。すると、「その理由なら、言えば大丈夫だったのに」と言われたのだ。

子どもの送り迎えが理由として成立する！これには驚いた。欧米諸国では普通とのこと。子どもを小学校に迎えに行かなければならないので、と言って会議を途中退出する人も普通にいる。

その数ヶ月後、同じ会議があった。学科長が、「ごめんね」届けがあった人の名前とその理由を簡単に言うのが通例だ。学科長が言う。

「Aさんは△△の理由で来られません」

「Bさんは、風邪で来られません」

Bさんは、昨日ぴんぴんして歩いてたんだけど。うさん臭い。部屋のなかには、同じことを思った人が何人かいるはずだ。しかし、空気は変わらない。

「Cさんは、奥さんが風邪になったので来られません」

私は、爆笑したいのをこらえるのに苦労した。しかし、部屋のなかには、私と同じように笑いを嚙《か》み殺している人は誰もいない。

これなら、子どもの送り迎えは、理由として通ってしかるべきである。

お茶

水曜の朝に、学科のお茶の時間がある。義務ではない。来たい人が勝手に来てお茶やコーヒーを飲みながら雑談する。軽く雑談できる環境は大事なので、この時間は、学科の文化として私は好きだ。わざわざ業者にお茶・コーヒーのセットを注文している。イギリスの大学には、日本同様、予算削減が年々厳しくのしかかっている。したがって、良き慣習やルールが一つまた一つと失われていくのを目にすることもある。もし、お茶の時間に対して、予算を割けない、時間を取れない、部屋をとれない、といった合理性のメスが入ってしまったら、職場はきっと息苦しくなっていくだろう。

私が赴任した当初、お茶の時間は水曜の朝九時からだった。ところが、あるときに一〇時からになった。子どもを小学校に連れて行く親が九時だと参加できずに不利益を被る、という理由である。小学校の開始時刻は九時頃なので、重なってしまう。お茶の時間は、自由参加とはいえ学科が正式に行っていることだから、という論理だ。同じ理由で、出席が期待される会議が夕方五時以降や週末に開かれることは決してない。自分が学生とミーティングを行うさいにも、夕方五時に呼びつけないように気をつける。

担任制

二〇一二年頃、京都大学で担任制なるものが導入されている、と聞いた。教員が学生数人の個人的な担任になり、生活のことや、授業についていけていますか、とかいった面談をしたりするというのだ。当時、私の正直な感想は二つあった。第一に、忙しいこと極まりない日本の大学教員にさらに仕事が追加されるのか、ということ。第二に、日本のトップ大学でもついにここまで手取り足取りになったのか、ということ。

現在、多くの日本の大学に担任制がある。そして、イギリスの大学にもあるのだ。それもずっと昔から。

イギリスでは、担任制をチュートリアルと呼び、担任をチューターと呼ぶ。学生の個人家庭教師のような響きがある。オックスフォードなどの一部の大学では、チュートリアルが実際にそのような意味を持っている。PIが、学部生二人程度の勉強を、毎週本当に見たり教えたりする。このチュートリアルがオックスフォード大学のPIに与える負担は、とても大きいよう

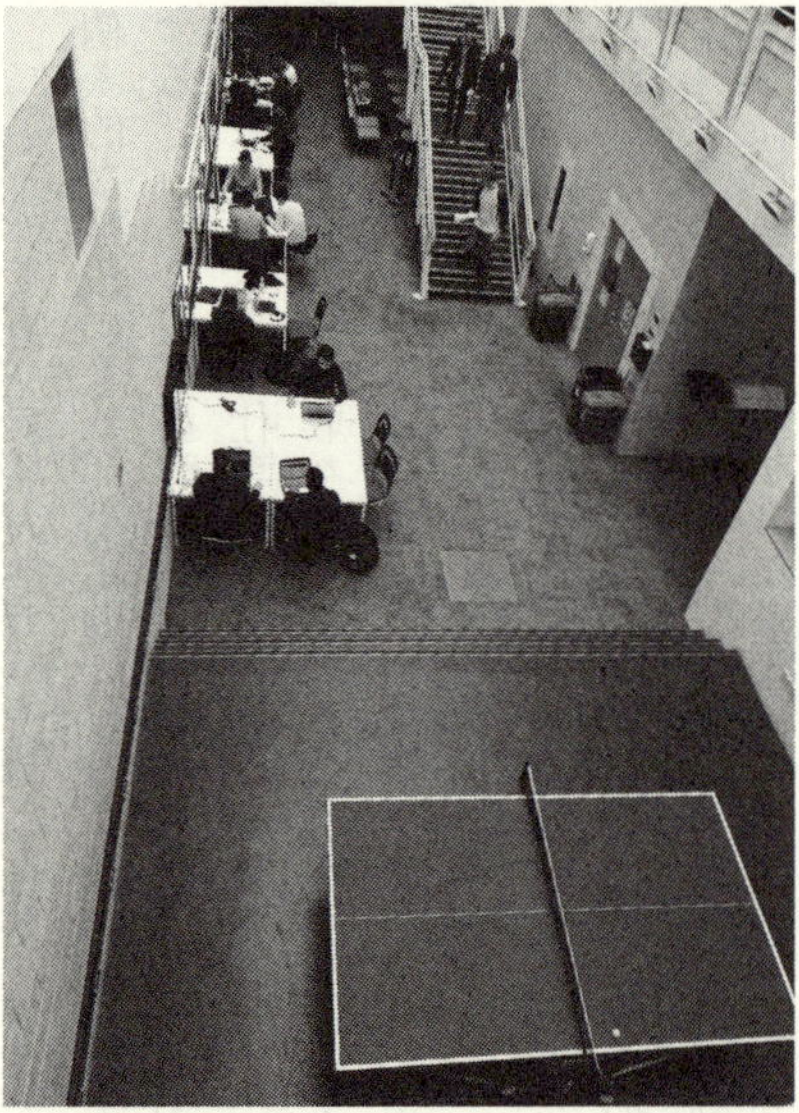

著者の学科が入っている建物の吹き抜け。卓球台や、学生が勉強したり談笑したりするための空間がある

だ。ただ、たいていのイギリスの大学では、チュートリアルは純粋な担任制度を指す。各PIに、私の場合は一学年につき六人くらいの学生が割り当てられる。他大学では、一学年に一〇人以上の学生を割り当てられるPIもいる。私の役割は、学生が大学生活になじみ、何か問題があれば、あるいは小さな問題が大きな問題になってしまう前に対処することである。授業の取り方。寮やひとり暮らしは大丈夫かどうか。授業に出ているか。出ていないなら、まずは出ましょう。試験に落ちてしまったけど追試をがんばりましょうね。そういった会話をする。イギリス以外の国にはあまりない制度だ。

一学年に六人の担当学生がいれば、三学年で一八人となる（イギリスの学部教育は三年間だ）。修士課程の学生にも担任がつくので、合計二〇人の担当学生がいると仮定する。三週間に一回、一人につき五分だけ面会するとしても、三週間で一〇〇分である。私の大学の正規の労働時間は週三五時間なので、この長さだけで一・六％の労働時間に当たる。チュートリアル業務の一環として学生のために何かを調べたり、学生に頼まれて就活や夏の学校のための推薦書を書いたり、面会の案内メールを送ったり、事務の人に相談したりで、時間がさらに追加される。大学側もチュートリアルの負担は認識していて、質を落とさずに合理化する試みはある。一人の教員が全員の実質的な担任になって一手に引き受ける、という学部も私の大学内にある。

面会時間を設定しても結構な割合の学生が来ない。来るという返事があったのに当日になってやっぱり来ないことも頻繁にある。問題がある学生ほど来ない確率が高い。大学の事務やチュートリアルを総括している教員は、時折私たちに報告を求める。「この学生は大丈夫か」、「この学生は学生ビザで来てるので、最低一ヶ月に一度は会って大学に来ているかどうかを確認して下さい」など。私はこのような問題を解決しようとするが、相手が来ない、休み期間に突入してしまった、などの理由で、結局解決しないのに問題ごと蒸発してしまうことがよくある。チュートリアル以外の問題も、そうやって蒸発することが結構多い。日本では、解決しない限り、問題は机の上から消えずに粘って座っている。

同僚のイギリス人教授が、一年間の交換留学に行く学生に対して「イギリスでは学生を子どもとして扱い、他国では成人として扱う」と言っていた。アメリカやドイツの留学先には、チュートリアルという丁寧な支援は存在しない（イギリス人の学生は、チュートリアルが他国の大学にも当然あると勘違いしがちである）。自分のことは自分でやりなさい。試験に落ちれば自分の責任でしょ。こういうふうにアメリカやドイツでは対応されるかもしれない。そういう困難を自分で処理できなければ、どんなに成績がよくても留学すると苦労するよ、というわけだ。イギリス人の学生は、そういう困難が起こったとき、母国の交換留学担当教員に「助けて～」と泣きついてくるかもしれない。ところが、こちらからも助けようがない、とその教授は言う。教員がアメリカの大学の事務にメールしても、らちがあかない可能性も高い。結局、学生自身にかかっている。そのおかげか、交換留学に行ったイギリス人の学生は、たくましくなって帰国してくる。

私の子どもは現地の小学校に通っている。親も先生も「子どもだからいいのよ」という対応が多い、と感じる。子どもだから競争させない（負けたらかわいそうだから？）。子どもだから困難な課題は与えない。子どもだから難しいことは大人がやってあげる。運動会の徒競走で順位をつけるのをやめましょう、という日本にどことなく似ている。この傾向が大学までそのまま続くとすると、大学では学生ではなくて教員が困難を解決する、ということになる。私は、このことと、大学に担任制があることをどうも関係づけたくなる。

私が担任だったイギリス人学生から「急に実家に帰る用事ができて、この教科のレポート提出期限に間に合わない。だから、どうしたらいいかを担当の先生に聞いといて」とメール一つで頼まれたことがある。「ふざけるな」と思わなかったと言ったら嘘になる。しかし、PIたるもの、慌ててはいけない。彼らは顧客であり、子育ての文化差もある。ここで対応を誤ると、難しい問題に発展しかねない。突っぱねるのも無視するのもよくない。いっぽう、学生のいいなりになってしまうと、自分の仕事生活は容易に崩壊する。そこで、よく考えて対応する。そのときは「ブリストルに帰って来てからで大丈夫なので、個々の先生に、授業後やメールで尋ねて下さい。チュートリアルで私と次に会うときにも、状況を共有しましょう」と答えた。

一日や一週間のサイクル

ＰＩの一日の時間の使い方は、一見、日本とイギリスであまり変わらない。授業、会議、学生とのミーティング、出席したい誰かの研究発表などの有無でその日の忙しさが決まる。それ以外の時間はメールを片付けたり、授業の準備をしたり、研究の情報をネットで集めたりする。一日のなかでまとまった時間があれば、私は論文を読んだり、書いたり、計算機プログラムを書いたりする。

日本よりも会議が少なくて短いこと、そのいっぽう、日本よりも学生と直接顔を合わせて話さなければいけない時間が長いこと、が日本とイギリスの間の主要な違いだと思う。イギリスの会議は一時間が普通である（二時間の会議もある）。一時間に達すると、学科長が議題を進めていても、用事があるということで、何人もの人が勝手に退出していく。

定時外の時間の使い方は、日本とイギリスでかなり異なる。午後五時くらいになると、事務の人はもちろんのこと、ＰＩもポスドクも大学院生も早々と帰宅する。私は東京にいたときも

著者のオフィスからの眺め

今でも、午後五時五〇分くらいにオフィスを出るが、イギリスでこの時刻に大学にいる人はとても少ない。イギリス人の大学院生やポスドクも、さっさと家に帰るのが上手である。定時が近づくと、その後の楽しみを考えて、すでにそわそわしている。夜に研究をがんばろう、ということはほとんどない。ヨーロッパ人も国によるがこれに次ぎ、中国人などが居残ってがんばる傾向がある。日本では、教員、ポスドク、大学院生とも、夜七、八時、あるいはもっと遅くまで大学で働くことが珍しくない。

イギリスでは、授業や会議をはじめとして、公式な業務は定時外に起こらないから、午後五時に帰宅しても困ることはない。私の大学では一年に二回だけ例外があって、高校生に対する大学説明会が、二〇一六年頃から平日ではなく土曜に行われるように変わった。集客のためだ。教員も何人か出る必要があり、今のところ、担当可能な教員（典型的には小さな子どもの親ではない教員）がボランティアをして回している。

土日には、基本的に学会や研究会もない。日本では、学会や研究会があえて土日に設定されることが多い。平日はみなさん忙しいからである。そして、日本では、人づきあい、上からの暗黙の圧力、役職、といった理由で、こういった土日の学会に行かなければいけないことは多い。目上の先生から「この研究会に来て講演してくれませんか」と言われると、かなり断りにくい。彼らは、土日に学会が行われることは普通だと思っているので、土日であることには触れすらしない。私が日本にいた頃は、本当に行きたい会と本当に行かなければいけない会は土日でも行き、そうでない会は理由をつけて断る、という方針を貫いた。家族を理由にすると、仕事より家族が大事なんですか、ということになりかねないので、ほかの理由で断った。こうして、若造だったくせに土日の依頼は半分以上断っていた。結構不評を買っていたと思う。

イギリスの大学は、子持ちに優しい。会議に出られない理由として子どもの送り迎えが受け入れられるだけではない。私の学科では、どのように授業を受け持ちたいか、という問い合わせが毎年来る。希望通りになるとは限らないが、希望を述べることができる。私の場合、「全ての授業を一学期（九月下旬〜クリスマス。試験は一月）に固めて下さい」とお願いして、そのお願いは今のところかなえられている。子どもがいるので朝の授業は困る、午後五時以降の授業は困る、水・木は子どもを小学校に迎えに行くので二時半以降は困る、といった希望も出せる。したがって、一日や一週間のスケジュールを、家族と大学業務を両立させて作ることができる。昇進審査においても、家族の理由で忙しいから○○できなかった、ということが勘案される。

東京にいた頃は、私は大学の近隣に住んでいた。子どもを自転車の前と後ろに乗せて大学のキャンパス内を横断しなければいけないことが多々あった。これは、週末ならいいとしても、平日だと夕方でも知り合いに見つかると気まずいことがあった。目上の教員と鉢合わせして露骨に嫌な顔をされたことも何回かある。公私混同といったところか。この点、イギリスの大学はやりやすい。

イギリスの大学では、定時を超えて仕事をしないし、家族に対する配慮もなされているので、労働時間が随分少ないように見える。しかし、これは表面的な理解である。PIは、実は定時以外にもよく働いている。オフィスでは働かないというだけだ。大半が家でも働いている。夜や土日に業務や研究のメールが普通に来る。これにはびっくりした。ヨーロッパでは夜や週末は本当に働かないのだろう、と思っていたからである。イギリスだけでなく、ほかのヨーロッパ諸国やアメリカなどでも同様だと聞く。成功しているPIは、どこかで猛烈に仕事をしている。世界中の研究者が鎬《しのぎ》を削っている。働きバチの国とも競争しているのだから、時間でなく効率が大事であるとは言っても、「定時以外は働きません」という姿勢では、とうてい世界とは張り合えない。

ただし、隠れて猛烈に仕事をしている人はＰＩ限定だ。イギリス人のポスドクや大学院生は、一部の人を除くとあまり働かない。成果が出ていなくて、雇用期間がもう少しで終了するので、ラスト・スパートして最後の仕事を仕上げてから出ていってほしいとこっちが思っても、そうならない。むしろ、有休が余っていたということで、最後の土壇場で何週間も休暇をとったりする。ヨーロッパの多くの国に共通することとして、ポスドクや大学院生は、残業はせずに九時〜五時で働くサラリーマンだ、と保守的に考えておくのが無難かもしれない。これは、日本や韓国のような仕事文化の国から見れば信じがたい。アメリカのＰＩにとっても信じがたいらしい。つまり、アメリカのポスドクや大学院生は、よく働くらしい。ただ、ＰＩを本気で志しているポスドクや大学院生は、国籍に関係なくよく働く。私のイタリア人ポスドクもその一人だ。

ＰＩのなかには、研究を諦めている人がいる。テニュア（一一ページ）を持っている限りは首にはならない。日本でも研究を諦めているテニュア付き教員は多くいる。そのような人にとっては、イギリスのほうが日本よりもやりやすいと思う。なぜなら、イギリスやヨーロッパ全般では、家族の理由が通用し、時間外には拘束されず、会議が少ないからである。少なくとも定時外にはプライベートにどっぷりと浸《つ》かることができ、年休をたくさん取れる。イギリスには、講師や准教授相当のまま定年まで幸せに過ごしているＰＩがたくさんいる。これらの人が周りから煙たがられることもないのは、イギリスの気持ちいいところだ。

一年の周期について日本とイギリスが一番異なると感じるのは、イギリスは短期集中であることだ。

一年の流れ

私の大学では一学期が一二週間なので年に二四週間だと述べた。試験、採点、卒業論文・修士論文審査の期間の長さは、日本と大差ない。これらにかかる時間を、一学期につき四週間、したがって年に八週間と見積もってみる。すると、一年を五二週間として、残りは二〇週間となる。実際に、六月の半ばから九月の半ばまでは基本的に何もない。追試の採点はあり、最近では夏の間だけ研究する修士課程の学生を指導することが増えてきたが、この三ヶ月間、大学は閑散としている。また、三月～四月のどこかで、イースター休暇が三週間ある。小学校は休みが二週間（少し時期が異なることが多いが、日本の小学校の春休みに相当）なのに、大学はなぜか三週間休みだ。イースター中も、大学は閑散としている。クリスマス休暇は二週間あり、日本の小学校から大学までの冬休みとほぼ同じだ。これらの休みを合わせると、確かに約二〇週間になる。

夏休み、イースター、クリスマスの間、教員は非常に自由にしている。イギリスの大学も年々世知辛くなってきているが、まだ自由度が高い。それぞれの国に休暇で帰る人もいれば、プライベートで旅行する人もいる。他国に行って研究している人も、家でひたすら研究している人もいる。研究しない人もいる。年の三二週間は授業や大学業務を中心にやって、残りの二〇週間はまとまった時間として自由に使う。この二〇週間にも会議はあるが、出席が期待されているような会議はない。

一部のＰＩは、この二〇週間の大半も忙しく大学運営業務をしていて、その尽力によって大学全体が回っているはずだ。実際には、学科長をはじめとする一部のＰＩはいつも忙しい。

アメリカでは、雇用がそもそも年に九ヶ月であることが典型的だ。夏の三ヶ月の間は給料が出ない。研究費を獲得した人は研究費のなかから夏の間の自分自身の給料を出すことができて、研究に注力する。上位の研究大学では、ほぼ全員が研究費を持っていて、ほぼ全員が夏の間も研究をしている。時間がある夏のうちに次の研究費の応募書類を書いてしまおう、となったりする。夏の三ヶ月は、研究費を持っていないとしても、研究を推進する好機だ。この時期になるべく学会に行く人もいる。Assistant Professor は、数年後に来るテニュア審査に向けて、無給でも夏の間にも研究をしていることがある。アメリカでは、Assistant Professor は大きめな初期研究費を大学からもらえることが多い。したがって、自分の給料は出なくても、大学院生の雇用は継続されていて、彼らは夏の間もどのみち研究する、という事情もある。

いっぽう、夏の間だけ他大学で教える人や企業で働く人もいる。野心がなくて本当に三ヶ月休暇を過ごす人もいる。上位ではない大学になるほど、野心的ではない形で夏を過ごすＰＩが多くなる。どの場合も、夏の間に本務の教育や運営業務で忙殺されるわけではない。

日本は、イギリスよりは授業の週数が多いが、世界的に見て多すぎるほどではない。一学期が一六週間ならば、年に二〇週間は授業がない。イギリスの場合の概算と同様に、一学期につき四週間が試験や採点などに費やされるとしよう。すると、一二週間が残る。一年に三ヶ月まとまった時間があれば、決して悪くない。実際に、八月、九月、三月がその三ヶ月である（実際には冬休みもあるし、大学によっても異なるが、話を単純化する）。

ところが、八月は、大学院入試業務で忙しい大学が多い。また、会議はどの月にもある。三月には、卒業式もある。講師以上で、八月と九月の二ヶ月間を丸々海外で研究する日本人を、私は見たことがない。私が日本で講師・准教授をしていた頃は、九月または三月（片方のみ）の三週間、海外出張していた。研究室のボスである教授が寛容だったのでありがたかった。三週間でも、いくつかの会議や研究室輪講（典型的には、持ち回りで研究室の誰かが発表をする会）を欠席することになるから、出張できて当たり前ではないのだ。私は二〇〇九年から東京大学を去った二〇一四年まで、子どもが生まれて中断した年もあったが、基本的には年に三週間の長期出張という習慣を続けた。この出張のおかげで、国際共同研究が起こり、結果的に就活の推薦書を書いてくれることになったアメリカの先生と貴重な時間を過ごした。

私は、一年の周期の意味でも、日本で恵まれていた。私のいた部署には、忙しさは教授が盾となって受け止めて、准教授以下の教員に時間をあげる、という伝統があったのだ。ほかの大学や部署では、そうもいかないことが多い。九月や三月も大学の業務や国内の学会大会で忙しい、という准教授や助教は多い。

イギリスの事務職員を一年の周期という視点から見ると、長い休暇をとることが印象的だ。「この時期に抜けたら人に迷惑がかかるから有休をとりにくい」という考え方は存在しない。忙しかろうがなんだろうが、有休（年に三〇日など）は全て消化される。たとえば、イースターや夏は多くの人が有休をとる時期だ。同じ部署で何人かが同時に有休をとると事務機能は麻《ま》痺《ひ》する。残った人が残業してでも終わらせる、という文化はもちろんない。したがって、私の大学の事務機能は、簡単に麻痺する。有休で抜けた人を肩代わりする人は割り当てられるが、肩代わりが正しく機能する確率は半分以下だ。のびのびした仕事環境で待遇も悪くはないと思うのだが、それでも仕事が辛《つら》いのか、事務職員はしょっちゅう辞めて、人が入れ替わる。日本のように円滑には進まない。ＰＩたるもの、こういう事情も計算に入れた上で動く。このじれったさが本当に嫌なら、日本に帰るほうがいいかもしれない。

職階

ここで大学の職階について説明する。いくつかの国の間の職階のだいたいの対応関係を次ページの表に示す。訳語も対応も、あくまで参考程度としてとらえてほしい。

日本の助教は Assistant Professor と英訳され、日本の准教授は Associate Professor と英訳さ

表　異なる国の間での、職階のだいたいの対応関係

<table>
<tr><th>日　本</th><th>アメリカ</th><th>イギリス</th><th>オーストラリア</th></tr>
<tr><td colspan="4">教　授（Professor）</td></tr>
<tr><td rowspan="2">准教授</td><td rowspan="2">Associate Professor
［准教授］</td><td>Reader
［読み師］</td><td>Associate Professor
［准教授］</td></tr>
<tr><td colspan="2">Senior Lecturer
［上級講師］</td></tr>
<tr><td>講　師</td><td>Assistant Professor
［助教授］</td><td colspan="2">Lecturer［講師］</td></tr>
<tr><td>助　教</td><td></td><td></td><td></td></tr>
</table>

灰色はPIの職階。［　］は、本書でしばしば用いる訳語。灰色の職階の中では、アメリカのAssistant Professorは通常テニュア・トラックであり、他はテニュア付きPIであることが多い。ただし、人によって対応のさせ方は異なるだろうし、この表にない職階もある。日本の准教授、講師、助教がPI相当である場合もある。アメリカのAssociate Professorは日本の准教授とはとても異なると思っている人も多い。

れる。ところが、日本の助教とアメリカのAssistant Professorの内容、および、日本の准教授とアメリカのAssociate Professorの内容は、随分異なる。とはいえ、以下では分かりやすさを優先して、しばしば海外のAssistant Professorを「助教授」、Associate Professorを「准教授」と表記してしまうことにする。なお、アメリカの教授と日本の教授、あるいは他国の教授は同じと思って差し支えない。

「助教授」という訳語は紛らわしい、と感じる日本人も多いはずだ。なぜなら、現在の日本の准教授は、二〇〇七年までは助教授と呼ばれていたからである。ただ、Assistant Professorを日本語に直訳すると助教よりも助教授に近い。またAssistant Professorは外国ではＰＩなの

で、確かに教授の一種と呼べる。これらの理由から、あえて「助教授」という訳語にする。それでもなお、「助教授という日本語はアメリカのAssistant Professorと随分違う職を彷彿《ほうふつ》させる」という批判は、ごもっともである。そこは容赦されたい。

さて、アメリカでは、普通は准教授と教授がテニュア付きであり、助教授がテニュア・トラックである。大学としては、主に助教授を採用して、六年間くらいやらせてみて、テニュアを与えるか否かを決める。なお、准教授や教授で募集が出ている場合でも、採用してもらえても、いきなりはテニュアをくれないことが多い。少しの間テニュア・トラックとして雇われてから、先方がよいと思えばテニュアをくれることが多い。ただし、採用と同時にテニュアをくれる場合もあり、公募にそう書いてあったりする。

アメリカや他国の助教授は、テニュア前とはいえPIだ。PIなので、大学院生の正式な指導教員になれるし、むしろ積極的にそうならなければならない。日本では、助教が研究室の教授より目立ってしまったら、おそらく文化的によろしくない。ところが、アメリカでは、むしろ目立たなければならない。そもそも、教授の下にくっついていない。もし助教授が教授よりも大きな研究費を獲得できるならば、テニュア審査での大きな武器になる。

日本でもテニュア・トラック制度を増やそうとしているようだ。ただ、そういったテニュア・トラック助教を別にすれば、日本の助教はAssistant ProfessorというよりはAssistant of Professor、つまり教授の補助係である場合が多い。伝統的には、一つの研究室が教授、准教授、助教というトリオからなり（准教授と助教の間に講師という職位があったり、助教が複数いたりすることもあるが、ここでは論じない）、助教はトリオのなかでは下っぱである。助教は、教授の代わりに学生の実質的な世話をしたり、研究室の実験やコンピューターの管理をしたりする。

助教は研究室などの雑務に忙殺されずに自由に研究活動をして成長すべきだ、と言ってそう実践する教授も一定割合いる。ただ、そのような教授にとっても、助教が大きな研究費を獲得してポスドクをガンガン雇って自分を追い越したり、博士課程学生を自分だけで指導して勝手に論文を出したりすることは、通常想定していない。そもそも、助教は博士課程学生の正式な指導教員になれないのが普通だ。正式な指導教員でない以上は、実質的に指導を行ったとしても指導実績を履歴書に書けない。助教が教授をさしおいてリーダーシップをとる、ということはありえないのである。

このような違いがあるので、助教をAssistant Professorと訳すのは誤訳だとすら言いたい。日本の助教が海外ＰＩに応募するとき、履歴書には「現職・〇〇大学Assistant Professor」と書くはずだ。しかし、これは、先方の誤解を招くどころか、無知から来る無邪気な嘘に近い。もし面接に呼ばれたら、「あなたは今何人の研究チームを率いていますか？」、「（正式に）指導している・指導したポスドクや大学院生について語って下さい」と質問され、答えに窮するだろう。韓国、中国、あるいは台湾のAssistant Professor相当の候補者は、同じ面接に呼ばれても困らない。なぜなら、これらの国ではアメリカ的なテニュア・トラックが敷かれていることが多い。彼らは Assistant of Professor ではなくてＰＩであるから、実績の高低はさておき、しかるべき回答をすることができる。日本の助教はとっても特別なのだ。

アメリカの准教授はテニュア付きＰＩである。日本の准教授はテニュア付きだがＰＩとは呼びがたい場合が多い。というのも、本書ではＰＩを一国の城主と定義していて（一〇ページ）、日本の准教授は城主でない場合が多い。ボスである教授が管理する研究室に所属していることが典型的だ。ただし、日本でも、ＰＩ准教授が少しずつ増えてきている。自分の研究室を持つのだ。いっぽう、テニュア付きでもテニュア・トラックでもない、すなわち任期付きの准教授の割合が増えてきている。

読み師

イギリスの標準的な職階は、Lecturer、Senior Lecturer、Reader、教授である（一四八ページの表を参照）。Lecturer は講師、Senior Lecturer は上級講師と和訳されることが多い。以下でも、これらの訳語をしばしば用いることにする。アメリカ同様、これら四つの職階は全てＰＩだ。日本の多くの講師や准教授とは異なり、イギリスでは、講師とて教授の研究室に属していない。

イギリスの職階はアメリカに理解されにくいので、履歴書や電子メールの署名などに、講師は「Assistant Professor 相当」あるいは、言い切って「Assistant Professor」とカッコつきで書いている人は多い。同様に、上級講師は「Associate Professor 相当」などと書いていたりする。

イギリスの講師とアメリカの助教授（Assistant Professor）の主な違いは、イギリスの講師はテニュア付きであることだ。アメリカの助教授はテニュア・トラックである。イギリスの上級講師とアメリカの准教授は両方テニュア付きなので、似ている。

Readerというのは異彩を放つ名前である。物書きならぬ「物読み」ではない。和訳も准教授、準教授、助教授、教授の一歩手前、など一定しない。いっそのこと、「読み師」とでも訳してしまったらどうだろう。占い師のような香りが漂い、注目度が上がりそうだ。片仮名にすると「指導者」の意味のリーダー（Leader）と紛らわしいので、本書ではあえて「読み師」と呼ぶ。実状にかなった訳としては、読み師が「上級准教授」、上級講師が「下級准教授」であろう。下級というと感じが悪いけれども、私も下級准教授だ。

上級講師や読み師は他国、特にアメリカに理解されにくい、という根強い指摘がある。したがって、上級講師や読み師を廃して准教授に統一するイギリスの大学が増えている。オーストラリアの職階は、講師、上級講師、准教授、教授であり、イギリスの読み師が准教授に置き換わっただけだ。ほかのイギリス連邦の国々でも、上級講師という職階はしばしば見る。オーストラリアでは、今でも、教育中心の教員の職階は准教授ではなく読み師であることが多いそうだ。

日本の職階は、助教、講師、准教授、教授だ。英訳名だけを見ると、イギリスとアメリカの混合である。しかし、内容は、アメリカよりもイギリスに近いと思う。理由は二つある。第一の理由として、講師以上について言えば、伝統的には、日本でもイギリスでも就任当初からテニュア付きである。両国ともテニュア・トラックの国ではないのだ。日本では講師や准教授のテニュア付きが減りつつあるが、これは近年の現象であり、今後どうなっていくかよく分からない。第二の理由として、すでに述べたように、アメリカの助教授と日本の助教は大きく違う。

待遇

ＰＩは、研究好きで、また、フレックスタイムで働いている場合が多い。したがって、有給休暇の日数を気にしない人が大半だ。私も、有休があっても家で研究するだけだから普段と変わらないし、家族旅行をするとしても年に二〇日は行かない。自分が持っている有休の日数すら知らない。むしろ、ＰＩにとっての待遇とは、給料、研究の支援、生活の支援だろう。

給料の比較は、為替レートや物価、また、日本の私立大と国立大のどちらと比べるかに依存してしまう。ただ、大雑把に日本の国立大と比べれば、イギリスのラッセル校（六九ページ）の給料は、教授で比べると日本より少し多く、准教授相当では同じくらいで、テニュア付き講師では日本よりも少し少ないと思う。ただ、イギリスは税金も生活費も（二〇一八年時点では）日本よりかなり高い。ロンドンの地下鉄の初乗り運賃は、プリペイドカードを持っていると四〇〇円程度、持っていないと八〇〇円だ。距離に応じて運賃が高くなるのは言うまでもない。

したがって、教授同士で比べても、おそらく日本の大学のほうが実質的な可処分所得は結構多い。イギリスの講師の給料では、家族がいて配偶者が仕事をしていない場合は、生活が厳しいことが多い。

アメリカの大学の給料は、イギリスよりもかなり高い。アメリカでは標準的には年に九ヶ月分の給料しか出ないと述べた。しかし、同格程度の大学で比較すると、アメリカの九ヶ月分の給料だけで、イギリスの一二ヶ月分の給料を凌ぐことが普通だ。また、大都市を除けば、アメリカの生活費はイギリスの生活費より安いことが多い。なお、アメリカの大都市は物価がとても高く、イギリスのロンドン並みかそれ以上だ。

したがって、イギリスのPIの給料は魅力的でない。イギリスだけではない。一例に過ぎないが、スペインで准教授をしている知り合いの給料を聞いたら、イギリスよりもかなり少なかった。ヨーロッパで研究者が給料の意味で報われているのはスイスとドイツだけ、と言う人もいる。アジアに目を向けると、香港とシンガポールは、PIの給料が日本よりもかなり高いことで有名だ。ただし、本書のインタビューでも語られているように、香港やシンガポールでは物価（特に家賃）も相応に高く、金銭的に余裕が増えた感じは全くしない、と言う人も多い。中国も、最上位の大学に限らずとも日本よりかなり高い給料額を聞く。また、石油パワーは大学ビジネスにも浸透している。アラブ首長国連邦とサウジアラビアは給料がとても高く、各国から優秀なPIを引き抜こうとしている。

お金が欲しければ企業に行くほうが効率的なので、お金目的でPIになる人はまずいない。

とはいえ、大学教員は公僕であるべき、清貧でよい、とは私は思わない。ある程度高い給料でなければ、PIを目指す人も減っていくだろう。グーグルが大学の倍の給料を提示し、やっていることも雰囲気も何だか楽しそうなら、グーグルに就職するのが筋かもしれないのだ。日本以外の多くの国では、給料の交渉が可能だ。日本では、公募に給料のことは一切書いてないし、尋ねるのはご法度だ。交渉なんてもってのほかだ。勤務年数、年齢などできれいに決まっている。アメリカや中国では、教授Aと教授Bの間に倍以上の給料差があることがある。自分が大学にとって高い価値を持つなら、給料が上がるかもしれないのだ。アメリカでは、同僚の給料が意外と高いことを知って、「それなら、自分も最近研究費をたくさん獲得したので、もっと給料が高くてしかるべきだ」ということで、学部長に給料交渉に行ったりする。イギリスは、アメリカほどの幅はないが、それでも交渉はできる。オーストラリアでは教授の間に給料差はないとのこと。

研究の支援にはいくつかの種類がある。研究を軌道に乗せるための初期研究費（スタートアップ）をもらえるか。博士課程学生の最初の一人を雇用する枠を優先的にもらえるか。博士課程学生を雇うための財源を探すことはPIの主業務の一つなので、最初の一人の枠をタダでもらえると助かるのである。また、日本の大学の運営費交付金のように、大きくはなくても毎年一定の予算が支給されるか。実験研究者なら実験室をもらえるか。イギリスは、多くの大学が貧乏になってきていて、これらの支援についてあまり魅力的でないことが多い。私の場合は、初年度に三〇〇〇ポンド（約五〇〇万円）の初期研究費があったのみだった。日本と変わらない。アメリカでは、それよりもゼロが一個多い以上の初期研究費が与えられることが多い。ただ、普通は、その分の成果を出せたかどうかを見極められるテニュア審査があとで待っている。

生活の支援は、赴任費用、住居や交通費の補助、子どもを学校に入れる費用の補助などだろう。私がブリストル大学から支給された赴任費用は、家族五人分の片道航空券と、荷物をイギリスに送るための費用として最大約一〇〇万円だった。これには助かった。いっぽう、赴任したあとの補助は何もない。通勤交通費は支給されず、住居手当や扶養手当も出ない。イギリスではそれが普通だ。日本では、最大額や条件の縛りはあるものの、通勤交通費が支給されていたし、住居手当もいくらか出ていた。それを当然と思ってしまっていたので、イギリスで驚かされた。

ニューヨーク大学というアメリカの一流大学が、アラブ首長国連邦のアブダビにキャンパスを持っている。そこでは、子どもをアメリカン・スクールに入れるための学費が、子ども二人分まで大学から支給される。また、私用で家族ごと自国に帰るための旅費が、年に一回分支給される。サウジアラビアも、同様のことが公募要領に書いてあったりする。資金が潤沢な国における研究者の爆買いは、遠い未来のことではないかもしれない。

研究費を取ってきて下さい

アメリカやイギリスを含む多数の国で、PIは、競争的研究費の応募書類書きに忙殺されている。競争的研究費を拠出するのは、主に国だ。企業が拠出することもある。たとえばアメリカやイギリスにおいて、研究費の応募書類書きにPIが費やさなければいけない時間は、日本よりかなり長い。それにはいくつかの理由がある。

第一に、日本よりも書かなければいけない書類が多くて長い。研究計画を書く欄がかなり長い。少なくともイギリスでは、研究計画に加えて、どのように成果を研究業界や一般人と共有するのか、研究で使われるデータをどう管理するのか、個人情報にどう配慮するのか、研究をどのようにして社会に還元するのか、国にとってどういう得があるのか、など多くの欄を真面目に埋める必要がある。日本では、五〇〇万円規模の研究費の応募書類でも、その気になれば二日程度で仕上げることができて、採択されたりする。イギリスでは、五〇〇万円は小さい類に属するが、それでもたった二日で書いたものが採択されることは難しいと思う。そして、標準的な大きさである二〇〇〇万〜五〇〇〇万円の研究費のために、半年や一年間計画書をこねくり回してやっと提出することはよくある。三〇〇〇万円規模の研究費申請で日本とイギリスの応募書式を比べれば、やはりイギリスのほうが長い。アメリカも長いらしい。NIH（アメリカ国立衛生研究所）が公募する主に医学・生物系の研究費では、標準的な額である数千万円の研究費に応募するために、研究部分だけで一二ページ程度を書くとのこと。一〇年前は二四ページだったが、長すぎるということで短くなり、一二ページだ。

第二に、採択率が低い。日本でもイギリスでも、研究費の採択率は大きさや種類によるが一〇～二五％くらいで、あまり変わらないと言うこともできる。しかし、イギリスのほうが、研究力の高い研究者の層が日本よりも厚い。日本のほうがイギリスよりも強い研究分野はいくつもあるが、逆の場合のほうが多いと思われる。すると、採択率が同じ二〇％でも、イギリスで研究費を獲得することのほうが日本でよりも多分難しい。言語の壁がないとしても、である。

第三に、イギリスでは、大きい研究費、小さい研究費、国が出しているもの、他団体が出しているもの、など一年中締切がやってくる。よく言えば、応募機会が多い。同じ種類の公募でも、締切が年に六回あったりする。いくつ応募してもいい。採択率が低くて宝くじのような側面があるので、本当に年がら年じゅう出しまくる人もいる。日本の研究費は、種類がさほど多くなく、一番主流である科学研究費補助金（科研費）の大半は毎年一一月締切だ。毎年秋口になると、みんな研究費の応募書類作成で忙しいが、一年中書いている人はあまり見ない。

第四に、昇進に関係する。日本では、最近はそうなりつつある機関もあるが、研究費獲得実績によって昇進の可否が左右されることはまだ少ない。イギリスでは、研究費を獲得した人は大きく昇進できて、獲得しない人は大きく昇進できないことが多い。大きな昇進とは、典型的には読み師や准教授から教授に上がることである。アメリカで助教授がテニュア審査に通って准教授に昇進する場合も同様である。研究費がそれだけ重視される主な理由は、獲得した研究費に一定の割合の額だけ付随する「間接経費」が大学の収入になるからである。「私の研究は実験もしないし、研究費はほとんど必要ない。だから、研究費の申請書は書きたくない」というわけにはいかない。

研究費でなくて研究内容が大事！とぼやいてもしょうがない。このようなお金の話を聞いてげんなりする人は、欧米の大学に行かないほうがよい。イギリスやアメリカなどのPIは、少なくともある程度は、お金を外から取ってくる経営者であることが期待されている。

研究費の実際

論文は書けばほぼ必ず成果になるが、研究費の申請書は書いてもお蔵入りになりやすい。研究費は採択率が低いので、書いた申請書が無駄になる確率のほうが高い。論文は、自分が希望した論文誌には拒否されてしまっても、内容が間違っていなければ、必ずどこかの論文誌には掲載されると思ってよい。自分の研究業績になり、履歴書に反映される。内容がよければ、自分の本意ではない論文誌の掲載になってしまっても、後々高い評価を受けることすらある。いっぽう、研究費の申請書は、落とされたら日の目を見ない。修正を施して他の研究費公募に再利用することはよくあるが、何回も再挑戦できるわけでもない。可能な応募先は限られる。五回やって一回以下しか成功しないことのために時間を費やすことに対して、私はげんなりする。しかし、特に海外でPIをする限り、研究費申請書は乗り越えなければいけない壁だ。お金は気にせずに自由に研究、というわけにはいかない。

成功しやすい書き方は、論文と研究費申請書で異なる。論文には「みなさん忙しいので」仮説が当てはまらない。研究費申請書には同仮説が当てはまる。論文には、全ての詳細が書いてある必要がある。分かりやすい論文の書き方、読ませる書き方というのはある。だが、読み手が忙しいから詳細は省こうとか、少し誇張だけどこういうストーリーで売ろうという動学は、ゼロではないがさほど働かない。論文を隅から隅まで読む人はいるし、公になって未来永劫《みらいえいごう》残る。いっぽう、研究費の申請書は、採択されても公開されない。また、少なくともイギリスでは、自分の専門外の人に審査されることがかなりある。論文よりもそういうことが多い。そのような審査員でもなるべくストレスなく読めるように書く。詳細は省き、ストーリーを分かりやすくする。加えて、アメリカなら自信に満ちた文章がよい、と言う人が多い。最近のイギリスなら、詳細は省きつつも緻密《ちみつ》さや社会貢献が分かるような文章が求められているように見える。

論文業績は秀逸なのに、研究費を全然獲得できない人がいる。研究費を取るのは上手だけど、研究業績は見劣りする人も少なくない。この二つの執筆技術は、関係あるけれどもかなり異なる。

イギリスの研究費について、私が驚いたことを二つ紹介する。

イギリスには、すごい研究費がある。獲得すると、五年（ものによっては七年または一〇年）の間、一切の大学業務から解放されて、大きい研究費で研究できるのだ。競争率はとても高いが、取得した人が近くに何人かいる。授業もしなくてよい。研究費のなかに「自分がしなければいけない授業や他の大学業務をする人を五年間雇うお金」が入っている。この研究費を取れたら、学科が、公募を出すなどして誰かを任期付き講師などとして五年間雇う。なお、五年のものはEUの研究費で、EU諸国にいるPIなら応募できる。

もう一つの驚きはエフォートである。エフォートとは努力のこと。研究費を申請するさい、その研究に自分の時間を何％使うのかを書かされる。これは日本にもある。申請する研究費の大きさに応じて一五％、三〇％などと書くことが多い。全ての自分の研究費にわたる合計エフォートが一〇〇％を超えてはいけない。日本では、大きい数字を書くほど、その研究に対する忠誠心が高い、ということになっているようだ。また、日本では、エフォートの数字は、一部の研究者に研究資金が偏りすぎることを防ぐためにある、とも言われる。

イギリスでは、エフォートの意味が日本と大きく異なる。書いたエフォート率の分だけお金が出るのだ。私が、二年間の研究計画にエフォート一五％と書いて応募する。すると、もし採択されれば、私の給料の一五％×二年間分が支給される。私の懐に金が入るのではない。研究費を出す側（たとえば国の機関）が大学に払う。「私はこれから二年間、勤務時間の一五％を本研究に費やすので、このお金で、私の授業や他の業務を一五％だけ肩代わりする人を二年間だけ雇って下さい」ということである。

実際には、教員相当の人材を一五％（週に六時間程度）だけ二年間雇って私の一五％分だけの授業をしてもらうことは、不可能だ。そういう都合のいい人材はいない。ところが、一五％で二年間というのは、六〇％で半年というのと同じだ。すると、一学期だけでいいから授業を半分減らして下さい、と交渉できなくもない。もう一つ同額程度の研究費を獲得できれば、一学期の一〇〇％分になるので「半年間私を自由にして下さい」あるいは「一年間だけ授業負担を半分に減らして下さい」と言って学科長と交渉できる。これを、授業の買収（buy out）と呼ぶ。私は、いくつかの自分が獲得した研究費（それぞれは、イギリスの基準で言うと小さめである）のエフォート率を根拠に、学科長と交渉を行った。その結果、来年度一年間の授業や大学業務の負担を五〇％減らしてもらうことに成功した。

アメリカでは、イギリスほどには授業の買収の余地がないようだ。ただ、「申請者に授業をさせない（あるいは軽減する）ことを大学側が承認しないと応募できない研究費」はあって（Howard Hughes Medical Instituteや、NIHの一部など）、授業の買収と同じような役割を果たす。

さて、研究費が支給される期間は、通常は二、三年間だ。「その間に成果を出します！」と書かないと採択されないから、近視眼の研究が多くなる、という主張がある。日本では、二、三年ではなく、二〇、三〇年で芽が出るかもしれないことにもっと投資すべきだ、そうしないと将来のノーベル賞が日本から出なくなる、と考える大学人が結構多いように思う。だから大学人に研究費を取りなさいと圧力をかけないで下さい、もっと研究費を増やして下さい、と。

私はこれには反対だ。ほとんどの研究者は、二〇年の自由と十分な待遇を与えられても、それに見合う成果を出せない。確実性のないことへ投資することには意義があると思うが、討ち死にの山となったときに納税者にどう説明するのだろう。ほんの一握りの優秀な研究者だけには、イギリスのように七年、一〇年（あるいは二〇年）の自由を提供してみると面白いかもしれない。

英語が母国語でない国では、研究費申請書を現地語で書かねばならない場合がある。あるいは、研究費を出す母体は英語の申請書を受け付けていても、PIが属する大学の事務が英語対応できないことがある。母国人のPIたちが審査員を務めるとすると、彼らは英語を読めるものの読むのがしんどい、ということもある。これらの場合にも、申請書を現地語で書くほうが合理的かもしれない。そのようなとき、日本人PIの多くは、現地人の同僚や大学院生に、自分が英語で書いた申請書を現地語に訳してもらっている。ただし、誤訳があったり訳がこなれなかったりする、という話を聞く。いっぽう、英語でも受け付けているのなら英語で提出するほうがいい、と言う人もいる。

テニュア

テニュアは、PIが終身雇用される権利のことである。テニュア獲得と、そこに至るまでの線路である「テニュア・トラック」。この制度は、日本とイギリスには基本的には存在せず（最近では、日本でもテニュア・トラック制度を普及させるべく、文科省などが旗を振っている）、ほかの大多数の国には存在する。

テニュアを取れるかどうかは、研究者人生上の一大事だ。アメリカの大学教員を、テニュア持ち、テニュア・トラック上にいる、どちらでもない、の三つに大別してみる。テニュア持ちは、定年までその職に居座ってよい。アメリカでは研究費を自力で引っ張ってこられる限り定年すらないので、七〇代の教授も多くいる。テニュア・トラック上の教員は、六年くらい後にテニュア審査を受ける。この審査に合格すればテニュアをもらえる。不合格になれば、大学から追い出される。どちらでもない教員、というのは、たとえば三年といった任期付きの研究教育職として雇用されることである。任期が満了すると続きはない。実際には、大学側、あるいは本人が次のつなぎのお金を、任期満了前に獲得できれば、その分だけの任期延長が提示されるかもしれない。ただ、研究者が目指すのは、テニュアと、その手段としてのテニュア・トラックだ。

テニュア・トラック上にいる人は、どうすればテニュアを取れるのだろうか。アメリカでは、理科系では特に、研究費獲得の実績が何よりも重視されるようだ。ただし、次章のインタビューで触れられるように、論文業績が研究費獲得より重視されることが多い国もある。アメリカでは、私の分野を見ていると、二〜三割の人がテニュア審査に落ちて大学を追い出されている。それでも、アメリカのいいところは、その先にも人生があることである。その後、企業の研究所に就職して同じような研究を続けながら倍以上の給料を稼ぐ人もいる。一流大学のテニュア・トラックにいたという実績をひっさげて、他の一・五流大学（したがって、十分によい）に

テニュア付き准教授として移籍する人もいる。

イギリスは、テニュア・トラック制の国ではない。日本の伝統的な雇用方法に近く、講師以上では、採用と同時にいきなり終身雇用、つまり、テニュアになる。私も、昇進できるかどうかは別として、六四歳の定年まで現職を続けることができる。

ただし、イギリスの終身雇用は、日本の終身雇用ほど確固たるものではない。解雇されることがたまにある。財政難で学科を閉鎖したり、閉鎖は免れるもののかなりの数のPIを削減しなければならなかったりする場合に、解雇が起こる。研究力や研究費獲得力が弱い分野を学科ごと廃止してしまうことは実際にある。このようなとき、日本ならば、教員の首は絶対に切らずに配置替えをして凌ぐだろう。イギリスではそうしない。ただし、大学にとって重要人物ならば、大学は配置替えをしてでもその人を残そうとする。研究費獲得能力がものをいう。研究費をたくさん取っているPIがいて、しかしながら、その人の学科は閉鎖してしまうとする。このとき、そのPIは、むしろ学内のほかの学科から引く手あまたになるかもしれない。

昇進

私の大学では年に一回昇進シーズンがある。「教授になりたいです」といった人たちを審査する。自分のそれまでの業績、貢献を一五ページ程度にまとめて、委員会に提出する。この書類は、主には履歴書だ。しかし、昇進審査用の特別な履歴書である。その履歴書には、PI就活用の履歴書にない項目がある。たとえば、今までに受け持った授業の詳細を書かされ、かつ、学生アンケートの評点も記入する。また、どんな大学業務を成し遂げたかを記入する。どの委員会の委員だったかよりも、委員としてどんな成果を出したか、を記入するほうがよい。主にはこの実績リストの中身に基づいて昇進の可否が決まる、とされている。

テニュア審査にも共通することとして、審査委員会が外部のPIに評価を依頼することがある。私も、テニュア審査についてだが、アメリカの大学の評価係をやったことがある。二ページ程度で、昇進候補者の研究内容の評価や、その人の業界人としての評価を書いた。

○○をすると何点、△△をすると何点、というようにあらかじめ決められていて、合計点数によって昇進の可否を決める（あるいは、一定の点数に達すると昇進の申請を出すことができる）大学も世界中に多い。基準点数に達してくると、周りのPIからも「そろそろ申請すれば？」と言われたりする。研究者の活動は点数化できない、と批判するのは簡単だが、客観的であることに対して私は好感を持つ。なお、アメリカやイギリスでは、研究費の獲得実績で昇進が決まる場合が多いと言わざるをえないが、点数制ならば、研究費の獲得は弱くても他の面で挽回《ばんかい》して昇進を勝ち取ることができるかもしれない。

日本では、内部昇進は上の教授が決めるものである。准教授の人が「私、教授になりたいです」と自ら手を挙げることは決してない。准教授以下の人は、いつ昇進するか、また、そもそも昇進できるかどうかが分からない。したがって、昇進のための対策はないが、教授の枠が空くことを辛抱強く待ったり、教授に常日頃ゴマをすったりすることは、多分有効だ。ただし、今准教授である人が他大学の教授公募に応募することは、自分の意思でできるし、失礼ではない。

さて、私を含む日本的な大学人は、「でも、教授の定数は決まっているでしょう？」という疑問を抱く。日本の国立大学ではA学科は教授六人、B学科は教授一一人というふうに、教授の定数が厳格に決まっている。この定数を増やすことは困難だ。日本で〇〇大学が新しい学科を作った、という記事はあるが、教授の定数が湧《わ》いて増えるわけではない場合がほとんどだ。新しい学科を作った分、関連学科が教授枠を供与したり、一人の教授が元の所属学科と新設学科を掛け持ちしたりする。したがって、誰かが教授に昇進するためには、誰かが辞める（定年退職か他大学への異動のどちらかが多い）か、大学内から教授枠を相当うまくやって引っ張ってくるか、助教枠を二つ生贄《いけにえ》にして教授枠一つに振り替えるとかしないといけない。

ところが、私の知る限り、日本以外の全ての国において、昇進は絶対評価である。定数はなくて、候補者が絶対的に（他の候補者と比べてとかではなくて）良いか否かで昇進の可否を決める。したがって、教授定数は存在せず、教授の数が勝手に増えたりする。私の学科のある教授が言うには、「確かに、みんながみんな教授になったら困る。でも、定年退職とかで減りもするから長い目で見れば大丈夫だよね」。

大学の財政

給料、授業負担の量、研究に対する大学からの支援、事務職員が十分かどうか。こういったことは、大学の財政でほとんど決まっている。アメリカとイギリスでは、大学の予算が年々厳しくなっていると肌で感じる。イギリスの有力な大学は全てが国立大学だが、自力で運営しなければならない割合が高まっている。その結果として、授業料を徴収すべく、受け入れる学生を増やしたり、授業料を上げたりしている。私の学科は、私が赴任してから四年間で、入学する学部生の数が倍になった。文科省が定める定員などはなくて、勝手に増やせる。教員数も増えてはいるが、四年間で二割も増えていない。また、一年制の修士課程を二〇一七年から始めた。学費は年に一万七〇〇〇ポンド（一五〇万円程度）で、EU外の学生からはその倍の学費を徴収する。それも、毎年のように値上がりしている。アメリカでも、学費が高騰しているし、一つの授業を受講する学生を増やすことによって収支を改善しようという話も聞く。

イギリスを含むヨーロッパとアメリカの大きな違いは、アメリカでは私立大学と州立大学が鎬《しのぎ》を削っていることである。ヨーロッパには私立大学が少ない国が多く、名門私立大学はほぼ皆無だ。アメリカでは、研究競争力が高い大学を見る限りは、私立のほうが財政がよいことが多く、その分、PIの給料が高かったり、事務職員が充実していたりする。いっぽう、アメリカの公立大学はほとんどが州立大学であり、経営が州の予算に大きく依存している。私立大学は、州や国からの補助をほとんど受けることができない。

私立大学のほうが公立大学よりもPIの給料が高い傾向があることは、日本と一見似ている。しかし、日本の私立大では、授業数が国立に比べて圧倒的に多いことが一般的である。教員一人当たりの学生数は、私立大のほうが国公立大よりもかなり多い。学費が安いことが、その大きな一因だろう。そう、日本の学費は他国と比べてとても安い。外国人だから倍の授業料を徴収するということもない。日本で大学の学費が高すぎる、高騰し続けている、ということが社会問題として取り上げられているが、欧米人の多くは理解に苦しむだろう。

アメリカの教員一人当たりの学生数は、私立大のほうが公立大よりも少ないことが多い。日本と逆だ。そうだとすると、教員目線で見ると、アメリカの上位の私立大では、教育負担が公立大より少なくて給料は高いのでいいとこ取りである。なぜこのようなことが起こるかというと、アメリカの私立大は、日本の私立大よりも何倍も高い授業料を徴収し、寄付金を集めることにも長《た》けているからであろう。

そして、公立大か私立大かにかかわらず、アメリカやイギリスなどでは、競争的研究資金が大学の大きな収入源である。得られた研究費のうちの決まった何割かは間接経費と呼ばれ、大学の収入になる。したがって、研究費を取ってくることは大学の収入に貢献することになり、研究費を取れるPIが重宝される。日本も、間接経費の仕組みを、二一世紀になってから本格導入した。ただ、昨今は、アメリカやイギリスをはじめとして、多くの国で競争的研究資金の総額が減らされている。日本の状況とあわせて考えると、現状、大学業界はほとんどの国で負け産業だな、と時折思う。

イギリスには、REF（research excellence framework）という大学の研究業績評価の仕組みがある。論文業績の部分だけについて言うと、各大学は、評価団体に対して、自分の大学から出たエース論文やその説明文を提出する。提出した論文には、ミシュランのように、星の数で評価がついて返ってくる。最高は星四つ。以下、ミシュランと呼ぼう。星に応じて、政府が各大学に配分する予算に傾斜をかける。ミシュランの直前になると、論文業績の高い人をPIで雇用することによって、学科の星評価を高めようとすることがある。前回のミシュランは二〇一四年だった。私が就活していたのは二〇一二～一三年で、実際にそのような場合に遭遇したことがある。前回のミシュランでは一人につき論文を四本まで提出できたので、私が呼ばれた面接に際して「あなたの最も代表的な論文四本はどれか。説明文とともに提出して下さい」と言われたのだ。次のミシュランは二〇二一年である。本書執筆当時（二〇一八年）から二〇二一年まであと三年あるが、私の大学ではすでに準備が始まっている。学内でのミシュラン対策ワークショップが開催されたり、「模擬ミシュランを行うので〇〇を書いて提出しなさい」というお達しが来たりする。同様の評価システムは香港にもある。

第五章　大学教員生活のお国事情

就活と同様に、ＰＩの仕事や生活の様子は、国や分野ごとにかなり異なる。本章では、第三章のインタビューで登場していただいた人たちに、再び登場していただく。

武者修行のすすめ――木原大亮（アメリカ・パデュー大学）

増田「二〇〇三年にＰＩになってから一五年になります。仕事環境の変化を感じますか？」

木原「（供与される）研究費の総額が減ってきているので、Assistant Professor が研究費を獲得するのが難しくなっていると思います。就活の競争も厳しくなってきている気がする」

イギリスと同様にアメリカでも研究費の総額が減っている。授業や他の業務をＰＩに割り振るさいに、割り振る側は、誰が研究費を獲得しているか、いないかをよく見ていると木原さんは言う。研究費を獲得していない人に、そういう業務が渡されやすい。

増田「日本人として、仕事上得したり損したりしていると感じることはありますか？」
木原「日本とのつながりが活かせれば得だと思います」

日本の研究費に参加して下さい、と打診される、日本から研究生が希望してくる、など。

木原「ただ、全体的に言えば、日本人はマイノリティで、損していることが多い」

アメリカのコミュニティは、出身地で形成されていることが多いそうだ。中国人のコミュニティは当然大きい。韓国もまあまあ大きい。確かに、私が自分の関連分野でアメリカの大学を覗《のぞ》き見ても、「この学科は〇〇人がやけに多いな」と感じることがある。そういったコミュニティを通じて、誰が国際会議の講演者として呼ばれるか、が決まったりもするという。日本人は、人数が少ないのでどのコミュニティにも入っていない、ということになってしまう。木原さんは、ポスドク時代の指導教員がポーランド関係のつながりを持っていたので、ポーランドのコミュニティと仲良くしてもらっている。また、たとえば中国人のコミュニティにも意識して顔を出したりしている。ただ、「それをしなければいけないのは、日本人は少し損をしているということ」だと言う。

増田「海外PIに興味がある日本人への助言をお願いします」
木原「日本の人は、とても能力がある。研究能力でいえば優れた人が多く、そこは自信を持っていい。逆に何が弱いかというと、コミュニケーション能力、英語能力」
英語能力が極端に低い人が多い。特に書く能力。木原さんが、すごい研究結果でなくても「これは、論文になるね。書いてこの辺の論文誌に投稿しておこうか」と判断することはある。スピード感がある。日本の場合は、そこから論文になるまでに、何だかとても時間がかかる。中国と比べてもスピード感が劣る、と言う。私も同じことを感じる。
PIの多くの仕事は書き仕事である。論文もさらさら書く。研究費の申請書もさらさら書く。「そうじゃないと何も進まない」と木原さんは言う。学生のために推薦書を書いたりもする。これもあって、「早いうちに海外に慣れるのがいい」。
増田「中国語、韓国語、日本語はそれぞれ英語から遠いと思います。英語力、書く能力の意味で差を感じますか?」
木原「中国の若い人たちは、本当に英語が上手。そして、みんな目が外を向いている」

中国の二強である北京大学と清華大学では、クラスの半分以上がアメリカにいる、という状況が普通に起こるらしい。大学院は海外に行くことになっている。したがって、英語でものを行うことが自然になっている。また、中国人は海外にたくさんPIがいて、中国の学生はそこと直接つながっている。お客様として扱われるわけではない、と言う。韓国も、トップの人は海外の大学院へ、という志向がある。

木原「夏にインターンで海外に滞在させてもらうとか。最近多いのは、中国の学部三、四年生が、自費でいいので、ビザも心配しなくていいので、夏にそちらで研究させて下さいと言ってくる」

彼らは、アメリカの大学院に応募するときに、推薦書が欲しいのだ。中国の先生に書いてもらう推薦書よりも、木原さんの属するパデュー大学の先生に書いてもらう推薦書のほうが強い。履歴書を見ても「この夏は、アメリカの〇〇大学で、△△先生のもとで研究（インターン）を行った」というのは見栄えがよく、信用度も上がる。英語の環境でも大丈夫だな、と相手に思わせることができる。研究成果は大したことがなくても、である。アメリカの大学院に入るためには何が必要かを逆算して、そこまでの行動をする。学部生にしてすでに。

木原「彼らの利益になることは分かっている。事前に推薦書を取ったり、ビデオ面談でちょっと話をして人物をチェックするけれども、お金が向こう持ちなら、全部受け入れる」

毎年二、三人程度来る。木原研の学生の刺激にもなるという。

増田「でも、夏に学部生が二ヶ月来てみたところで、研究成果を出すのは難しいですよね。受け入れPIとしては、単なる負担増に思えるのですが？」

木原「僕がパデューで機会をもらっていると思っているので、意欲のある学生さんに対しては、いさせてあげて機会を与えてあげたい」

木原さんは、一ヶ月でもいいので、日本人学生もそういう武者修行をしてみることを提案する。大都市は別として、そんなにお金はかからない。一ヶ月の生活費一二万円と飛行機代だけなら、金持ちでなくてもできる。学部生でアメリカに留学する中国人は、とても裕福だろう。しかし、このような武者修行をする中国人は、金持ちである必要はない。日本人学生のように夏休みの語学留学に何十万かを使う（そして、しばしば日本人で固まる）よりも有益な投資だ、と私は思った。

日本人はマイノリティか――篠原眞理（アメリカ・デューク大学）

篠原さんは医学部所属である。日本でもアメリカでも、医学部は「基礎」と「臨床」に分かれる。医学部では、「臨床」の人数が圧倒的に多い。篠原さんは「基礎」に属する。基礎と臨床は、考え方もかなり異なるという。「臨床」には基本的に医師がいると思ってよい。「基礎」は医師免許（MDと呼ばれる）を持っている人もいるが、PhD（医者以外の道筋での博士号）の人が主だ。

アメリカの多くの「臨床」系に起こっている変化として、テニュアをそもそもなくそう、という流れがあるという。デューク大学の臨床系では、新規採用に関しては原則として全ての職を任期制にしたのだ。デューク大学だけではない。たとえば五年ごとに見直して、更新できるかどうかを決める。途中で更新できなくてPIを辞めさせられても、医師の人は診療に出れば失職する心配がないので、このような変更が可能なのだ。しかし、臨床系の学科にも、医師免許を持っていない基礎研究をするPIも少数ながらいて、そのようなPIには厳しい変化だ。

デューク大学のような研究中心の大学では教育中心の大学と比べて、研究費を獲得することが求められる。そのため、授業は、一学期に一コマよりは少ない。一コマを何人かで、たとえば、週三回のものを一人につき一～二週間ずつ担当する。また、授業以外の大学業務は、入ってから二、三年はテニュア取得にも向けて研究に集中できるように、という配慮があって少ない割当量だった。逆に、篠原さんは、テニュアを取得してから最初の二年は、そのような業務を自分もやるほうがいいと思った。そのような業務が仕事時間の三分の一程度を占めることになって、かなり多かった。
朝は七時四五分くらいに大学に行く。打ち合わせがなければ午後四時に帰宅する。土日は大学に行かない。しかし、これは研究室の人たちにプレッシャーを与えないためであって、実は家でも随分仕事をする。篠原さんに限らず、アメリカのPIは家に帰ってもたくさん仕事をしている。

篠原「すごい人は、ものすごく仕事してますね。びっくりするくらいです」
寝袋を研究室に持ち込む伝説的なPIもいたとのこと。何だか、日本っぽい。

増田「海外の大学に就職してよかった、と思うことはありますか？」
篠原「まずよいなと思ったのは、(研究費を獲得し続けることができる限り) 定年がないこと。よくも悪くも放任なので、好きにさせてもらえる。自分が面白いと思う研究をしてよい。基本は研究費を取り学部の仕事をこなせば、問題はありません」
増田「日本人として得している、損していると思うことはありますか？」
篠原「得かどうかは分からないけど、覚えてもらいやすい。日本人はすごく少ないので、日本人のＰＩというと、すぐに分かるようです」

　ＰＩの統計ではないが、デューク大学では、日本人ポスドクがこの一〇年弱の間に三分の一に減ったそうだ。

　篠原さんは次のようにも言う。

篠原「たとえばアメリカ人女性のＰＩと話をしていると、女性という少数派に関して、『私の言っている意見を真剣に聞いてくれない』といった話をよく聞きます」

　ただ、篠原さんは、皮肉の意味ではなくて、日本で企業勤務も経験して、ある意味そのようなことには慣れていて、アメリカ人ほど、性別のことについて敏感でないようだと言う。「十分よく扱ってもらっている」と篠原さんが感じる場面でも、アメリカ人女性のＰＩが見ると十分ではないと感じたりするらしい。

　アメリカにおける人種での少数派（マイノリティ）の定義において、日本人は中途半端な立場に置かれているかもしれない、と篠原さんは言う。日本人は、ＮＩＨ（アメリカ国立衛生研究所）などの機関の定義によればマイノリティではない。しかし、一歩大学の外に出ると、日本人はあくまでもマイノリティである。そこにちょっとしたズレを感じることもあると言う。

「どういうことはないですが、靴のなかに三ミリくらいの小石が入っているような感じです」。

増田「海外PIに興味がある日本人への助言をお願いします」

篠原「採用側が何を求めているかを知らないと、どれだけいい研究業績があっても、面接に呼ばれなかったりする。誰かメンター（指導者）がいるといい。日本で、そういう一日講座とかがあるといいかもしれない。自分がアメリカの大学院に応募したとき、インターネットもなくて手探り状態だった。あとで思えばもっとこうやればよかった、というのがたくさんある。

ポスドクなどで、一年くらいでもいいからこちら（アメリカ）に来るのがよいと思います。日本から海外経験なしでいきなり応募するのは大変。採用するほうは（候補者を）全人格として見ているので、仮に面接に呼ばれて、その人の英語がとてもうまかったとしても、ちょっとした仕草とか、冗談の種類とかで、これは難しいと判断されることもあるかもしれません。その辺の日常感覚も大きいから、余分に時間を取って、実地経験をしてみる。来てみるといろいろな情報も入ります。

たとえば、中国の学生やポスドクから問い合わせのメールがしばしば来る。彼らはこういった事情をよく分かっているように思えます。とにかく行く。そこで何とかする。日本の若い人も、海外にどんどん出ていってほしい。こっちで就職しなくても、外で学んだことを日本に持ち帰ってもよい。今の日本の若者はもっとどんどん外に出て自分を試してみてもよいのでは、と思います」

学部長としての移籍と労働組合の有無——福島佳子（アメリカ・ハワイ大学ヒロ校）

福島さんは、アメリカのゲティスバーグ大学から、研究力が強いオクラホマ大学に移った。オクラホマの研究環境は素晴らしかったと言う。

福島「当時のオクラホマ大学には、学内に十分な研究費もあったし、その配分、競争も非常に民主的でした」

大学の研究費の配分？　民主的な競争？　これは、理科系の私には耳慣れない。研究費は、競争に勝って引っ張ってくるものでは？

福島さんの分野（演劇）では、学外からの競争的研究費の選択肢の数は理科系と比べて少ない。幸い、オクラホマ大学では、大学が持つ研究費を学内の委員会の審査で民主的に全てのPIに配分する。いっぽう、州立大学内部の研究費は州の財政に依存するので、その財政状態に大きく影響される。現職のハワイ大学では、ハワイ州の財政が非常に厳しいので、現在の研究費事情は、発表する学会旅費を出してくれるかどうかも怪しいくらいに厳しい。

福島さんの分野では、グループではなく一人で研究を行う。人文系にはそういう分野が割とある。一人研究なので、だいたいの論文や著書が単著（一人で書くこと）だ。単著に価値があるとされる。私の分野では、単著は「一人でやり遂げた」という印象を与えるいっぽう、単著が多いと「この人は、ほかの人と共同研究できるのかな？」とか「人々との交流が弱いかも？」という負の印象につながりうる。評価基準が違う。

福島さんの分野では、テニュア審査でも、外部の研究費をどれだけ獲得したかは出版と並列に扱われる。代わりに著書、論文誌に出した論文の質、量が問われる。福島さんがテニュアを獲得したオクラホマ大学は、二〇〇六年には（現在二〇一八年でも多分そう）著書なら何点、論文なら何点、著書の点数は五年間有効、といったようにほぼ点数制で、合計獲得点数に基づいて毎年審査が行われた。テニュア・トラック上にいるPIはその基準に合わせて活動する。

福島さんは、二〇〇九年にハワイ大学に移った。管理職に移りたかった。就活をして、オクラホマ大学の准教授から、ハワイ大学の准教授かつ学部長へと移籍した。

移籍後に実感した二大学の違いに、労働組合（ユニオン）の有無があった。オクラホマ大学（やピッツバーグ大学など）は州立だが、半官半民で、労働組合がない。場所柄か、ミシガン大学、カリフォルニア大学、ハワイ大学には労働組合がある。労働組合がない大学のほうが、研究費の配分や雇用する教員（特に非常勤教師の給料の調整）などに自由度がある。労働組合があると、そのような自由度を発揮しにくい。

福島さんは、労働組合の規定に従って、ハワイ大学にはテニュア付きではなくテニュア・トラックのAssociate Professorとして赴任した。学部長としてハワイにやってきても、テニュア付きではなくテニュア・トラックだったのである。オクラホマで持っていたテニュアを捨ててきても、労働組合の存在によって、テニュア審査に三年の待ち時間があった（教授の場合は一年）。福島さんの場合は比較的順当だったけれども、テニュアがもらえるという保証はない。

したがって、労働組合があることはAssociate Professor以上の教員が他大学から移籍してきにくい理由にもなりうる。私立大や半官半民的な大学に移るほうが楽そうだ。後々、福島さんは、Associate Professorでなくて教授になってから定年時期を視野に入れて移るものだ、という話を人から聞いた。教授なら、ハワイ大学でも異動後一年でテニュアを得られるし、定年も近いから、不確かさが少ないというわけだ。

このようなことは、オクラホマ大学で一〇年もPIを勤めていた福島さんにも、ハワイ大学に入るまで分からなかった。同様に、学長が誰か、赴任時の学長があと何年働くか、大学のシステムがどのように変更されるか、ということも、仕事をしてみないと分からない部分が多い。福島さんの失敗は、移籍して間もなく学長が変わり、新学長の方針が「この大学を理工系中心に変える」だったことである。福島さんが人文系だからという意味ではなく、大学自体がこの新方針によってごたごたし、あっという間にリベラル・アーツ（幅広く基礎分野を学ぶ）系だった大学の影が薄くなった。

増田「PIになって約二〇年です。大学の環境について変化を感じますか？」
福島「学生の質の変化。本を読まなくなったとか。また、仕事に関係がある学位をみんな取りたがる傾向が強くなっている」

オクラホマ大学でもハワイ大学でも、自分の研究などのための時間は結構取れている。ただ、ハワイ大学の最初の三年は学部長だったので、雑務でものすごく忙しかった。

増田「日本人として、得をしていると思うことはありますか？」
福島「ニューヨーク（大学院生の頃）やオクラホマにいた頃は、自分が日本文化のアンバサダー（大使、伝道師）の役を割り当てられ、現地の人が日本について知りたいという熱意が伝わってきた。たとえば、日本は特殊なもの、新しいものとして興味を持たれたし。ハワイは日系人の島なので、日本がもっと近い」
増田「海外PIに興味がある日本人への助言をお願いします」
福島「まずは、どうしてアメリカやイギリスで働きたいかということ。日本のほうが研究するのにずっといいのではないか？　本質的には、アメリカの大学で働いても日本の大学で働いても同じです」
増田「日本のPIのほうがアメリカのPIより忙しくて研究できない、ということはないんですか？」

福島「偉くなっていくと、管理職の仕事が入ってきて、どうしても忙しくなってくる。研究ばかりしているわけにはいかない。それはアメリカの大学でも起きかねない。それを考えるとほぼ同じ。自分の分野に限っては、どちらの国のほうが研究費を取れるか、は決め手になる（福島さんの分野では、海外に住む日本人ということで、日本のものもアメリカのものも応募できない研究費もある）。今は柔軟に海外で働いて、また日本に戻ったり、交互にやっていくのも面白い」

学部長を務めた福島さんならではのコメントかもしれない。アメリカの総合大学では学部長の職は一一ヶ月雇用（通常は九ヶ月雇用）が多く、給料がとても高くなる（私の大学や日本の国立大学ではそうではない）。学部長という職を、忙しくてその間は研究できないけれどもお金を貯《た》めることができる、と割り切って考えることもできる。

自慢でなく等身大に伝える力を——河村耕平（イギリス・エジンバラ大学）

河村さんは、エジンバラ大学でLecturerとSenior Lecturerを合計九年間務め、早稲田大学に教授として戻ってきた。

増田「エジンバラの同僚は、すごくよさそうですね。労働環境は全体としてどうでしたか？」

河村「文句なしだった。本当によかった。大学業務の仕事も断ることもできたが、『やるか？』と聞かれて、楽しんでやった。上の教授なども支えてくれた。唯一、給料が……。教授に昇進したとしても、上がる給料の幅が少ない。外から内定を得ないと厳しい（カウンター・オファーで給料を上げる、という意味。一一二ページを参照）」

河村さんの学部では、上の職位（教授やReader）の人を内部昇進ではなく外から採用することを推進していた。そこでやりとりされている業績や給料の相場が、普通のLecturerやSenior Lecturerの業績相場や給料相場とかなり乖離していた。つまり、イギリス外を含む外の大学から、かなり強い研究者を、かなり高い給料で引っ張ってきていた。アメリカの中堅大学でテニュアを取れるが、アメリカの上位の大学だと取れないかもしれない、というくらいのレベルの人に、個人的なつながりなどを使ってエジンバラ大学に来てもらう。学部は、これにかなりのお金を使っていた。こうして採用された人たちは、高い給料をもらっていい暮らしをすることができる。

河村「自分がそうなれるかと聞かれれば、全くなれない。閉塞《へいそく》感を感じた。

あとは、仕事環境についてあえて言うと、お金をかけて強い研究者を引っ張ってくるようになって、学科が少しぎすぎすしてきた。学科がそういうことに振り回されるようになった。楽しい同僚たち、という学科の雰囲気が損なわれてしまった。すごくよくできる人がリラックスしてやっていて、そういう人から学ぶ、というのが好きだった」

さて、河村さんは中型・大型の競争的研究費には応募しなかった。内部昇進も、研究費を基準に決めるわけではなかったとのこと。

増田「旅費には困りませんでしたか？」

河村「学科が出してくれたんですよ。結構、学科のお金に余裕があって。学科長との交渉次第。自分は大学業務をがんばっていたから、というのもあって。たとえ論文が出ていなくてもサポートしてくれる。そういうおおらかさがあったのだが、だんだん失われてきてしまった」

河村さんの学科は、授業料収入にかなり余裕があった。スコットランドにあるのに、イングランドの学生が多かった。イングランドの学生からは、高めの授業料を徴収できる。

増田「日本（早稲田）に就職しました。エジンバラと比べて何が違いますか？」

河村「イギリスでＰＩが集まると、皆お金の話をしている。イギリスでは、金がないと、どうやって金を作ろうか、という話になる。早稲田に来てよいと思ったのは、そういう話がないこと。そこまでみんな収支を見て教育をやっていない。逆にそれがいいと思う。日本もお金がないのは確かなんだけど、どうやって取ってこよう、という話にはならない。日本は、ビジネス的ではない。批判的な意味ではなくて。あと、知ってた上で来たのだけど、『職業を変えた』という言い方をする。エジンバラでは、教える研究者。早稲田では、研究する教育者」

早稲田は私立大なので、日本の国立大よりもおしなべて授業が多い。したがって、教師であるか研究者であるかは、私立と国立の差であり、イギリスと日本の差というわけではない、と河村さんは言う。確かに、イギリスでも、一流から遠い大学ほど、PIになったとしても、研究者としてより教師としての役割が大きくなる。世間で言われているほどにはイギリスと日本の大学は違わない、とのこと。

大学業務周りについて聞いてみた。

河村「エジンバラで得たノウハウを早稲田で活かしている。どこでどう動くとか、どういう情報をどこで入れるとか」

事務方と喧嘩《けんか》しなければいけないときのやり方とか。規則を読み込んでおいて、「ここはどうなの？」と聞くとか。労働組合の情報の使い方とか。

増田「私はイギリスに四年半いますが、それはノウハウ不足でとうていできません。イギリスで一〇年PIをやっていても、そういうふうにできる人とできない人がいると思います」

河村「僕は、大学業務をやって、そこそこうまくできた。経済学で論文を書くだけでなく、イギリスの社会の一員として認められたかった。特別な人、論文書き係ではなくて、彼らの一部でいたかった。good citizen（善良な市民）としていたい。しかも、そのなかで僕も勉強できる。その文化のなかでどうやって振る舞えばいいのか。カリキュラム改革から、試験委員会の委員長までやったり。僕が議長を務める会議はできるだけ早く終わるよう事前に根回しをしておいて、そういうのは同僚から感謝されましたね。研究がずば抜けている人は、そういうことを考えなくてもいいかもしれない。でも、自分はそうではないと思ったので。

昇進のときに気づいたのは、自分のやった仕事に名前をつけることが大事だ、ということ。文章に残しておくほうがいい。たとえばカリキュラム改革をしたら、要求されてもいないのに、成果報告書を作って、学部長に提出しておく。そうすると、あとで成果を問われたときに役立つ。やったことを記録に残しておくのは、官僚システムのなかで大事です」

増田「海外PIに興味がある日本人への助言をお願いします」

河村「ちゃんと成果を出すのは前提条件です。我々は英語だって達者じゃないし、いろいろな意味で不利なわけで、同じ実力で同じ国（イギリスの大学ならイギリス人）の候補者がいたら、その人を採る。あとは、成果のプレゼンテーションが重要です。研究をちゃんとやっていれば分かってくれる、というわけではない。研究発表も、研究者同士の会話でも、どう周りに伝えていくか。日本のできる子に欠けがちです。寡黙にやってれば誰かが見てくれる、という（日本の）考え方は通じない。発信というと言いすぎで、イギリスの文化でも自慢は嫌がられる。ただし、自慢せずに伝えることは可能で、それはプロとしてすごく大事なことです。他人に認められてなんぼ。金を出したい（＝雇ってくれること）と相手に思わせる必要がある。自分がどんな人間か、どういうふうに相手の役に立つか、を伝える。

学生が大学院に出す応募書類を見ていると、日本の子たちは、『自分が留学して何を得るか』は書くけれども『自分を採ることによってあなたたちが何を得するのか』を書けない。たとえば『理論経済学専門だけど、アルバイトで都市計画の実地調査もやったことがあるから、幅広い視点から学生同士や教員とのディスカッションに貢献できる』とか、『自分はボランティア活動でこういうことをして成果を挙げたから、リサーチ・アシスタントとして即戦力になる』とか。学生のときからそういうことを考えて書くという訓練が欠けている。自慢や嘘ではなく、実際に持っているものを等身大に伝える力。PI就職のときも同じです」

最後に、経済学では、大学院に行くなら海外に行くのが普通だという。

増田「留学するという流れについて、ここ一〇年くらいで変化はありますか?」

河村「海外志向は弱まっているように感じる。そこそこでいいという人は、今は日本に残ることが多いんじゃないか。僕たちの頃は、なんでもいいから海外に行こう、という人がそれなりに多かった。今は、本当にできる子が海外のトップスクール(例：ハーヴァード、MIT〔マサチューセッツ工科大学〕、プリンストン、スタンフォード)に行く傾向は変わらない。ただ、その下の人たちが、学者になる道として海外の中位校の大学院に行く、という流れが昔はあった。今は、そういう大学に行く日本人が減ってきたと聞く」

就職はゴールではない——榊美知子・村山航(イギリス・レディング大学)

村山さんは、五年間の大きな研究費を獲得した。ポスドク雇用や実験のためのお金があるだけでなく、授業や大学業務をせずに五年間研究のみに集中することができる(一六〇ページ)。ただ、村山さんは、ある分野の授業を受け持っておきたい、という希望があって、その授業だけは続けている(年に五回)。

村山さんがイギリスで驚いたことの一つに、他大学所属の人の非常勤講師がないこと、がある。日本の人文社会系では、そのような非常勤講師が多い。自分の大学で教えながら、他大学の授業も一コマなり受け持つ。受け持つ授業のコマ数だけ収入を得られる。しかし、授業以外にも移動や準備、採点などに時間がかかるので、結局一日一コマでも丸一日仕事になってしまうことも珍しくない。時給が低いわけではないが、授業以外にかかる時間を考えると割が合う場合は少ない。日本の理科系にも非常勤講師はあるが、人文社会系ほどには多くないと私は思う。日本の人文社会系では、博士課程の学生からポスドク、大学の講師、准教授などになっても非常勤講師を続けることが珍しくないそうだ。一度引き受けると辞めにくい、という要素もあるのだろう。そういえば、私が大学に入学したとき、数学の授業は上智《じょうち》大学の先生が受け持っていた。フランス語に至っては、先生が名古屋から新幹線通勤していた（そして、半分くらいの割合で大遅刻か休講だった）。今思えば、この先生方も非常勤講師だ。

榊さんと村山さんには、インタビュー当時で一歳の娘さんがいる。産休・育休の手当は日本のほうが手厚い、と二人は指摘する。一年まで給料全額分が出る。イギリスでは、四ヶ月くらいまでしか出ない。それより長い育休をとることはできるが、その間の給料はほとんどゼロになる。

村山「産休は短いけれども、子どもがいるときの周りの受け止め方や働きやすさは、イギリスは良い。分かってくれてる感がある。九時〜五時でやらせてもらえるし、皆もそうしてる。男であってもそれは同じです」

榊「産休で授業をほかの人に代わってもらうときに、それを嫌だと思わない、思わせないような形でやってくれた。どのコマを誰が代わりで教える、というのを積極的に決めてくれる」

一五年くらい前に二人が今いる学科で産休をとった同僚教員は、当時、「PIで産休をとった人が今までいないから、やり方が分からない」と人事に言われたそうである。当時は、競争的研究資金の制度も、産休とは相容《あいい》れなかったとのこと。そこから一五年で大きく変わった。イギリスではもっと昔から子育てと研究が両立していたのだろうと勝手に思っていた私は、驚いた。イギリスが一五年で変われるのなら、日本も一五年で変われるのだろうか。

増田「海外PIに興味がある日本人への助言をお願いします」

村山「就職をゴールとは思わないほうがいい」

つまり、内定を得て赴任してから、研究費を獲得できるか、という大きな競争が待ち構えている。この競争の熾烈《しれつ》さは、日本の比ではない。そして、研究費がないとできない研究が多い。

榊「イギリスは、比較的（採用過程が）公平で、圧迫面接などもないし、実績を公正に評価してもらえるので、海外に就職するのが不可能と思いすぎる必要はない」

理論と実験の交流——岡隆史（ドイツ・マックス・プランク研究所）

マックス・プランク研究所は、研究専門である。やりたい人は授業をやってもいいが、岡さんはやっていない。そして、研究支援は手厚い。予算は潤沢である。岡さんが「この人をポスドク（または博士課程学生）として採用したい」と強く言えば、雇うためのお金も含めておそらく認められる、とのこと。旅費も心配ない。したがって、研究費の申請書を書く必要はない。岡さんは、他のＰＩに誘われて研究費申請のチームに加わることはあるが、自らは研究費に応募していない。これは、マックス・プランク独特のことだ。同じドイツでも、大学の教員は、授業をしたり研究費に応募したりしている。

岡さんの任期は五年。基本的に延長はない。岡さんの研究所は、若い人をＰＩとして登用し、研究グループを作らせて、手厚い研究支援をする。そうして、一挙に業績を出してもらって、ドイツの大学の教授のような、より高い職を取ってもらいたい。このような良い循環を作ることによって、研究所としての名声を高めたい。

私は不思議に感じた。岡さんのマックス・プランク研究所ではグループ・リーダー（ＰＩ）に任期があるが、他の多くのマックス・プランク研究所にはＰＩに任期がない。テニュア付きであると言える。給料や研究予算は、大学よりもマックス・プランクのほうがよい場合が多い。するとき、岡さんはテニュア付きではないが、テニュア付きのマックス・プランクのＰＩでも大学の教授に移りたいと思うのだろうか？

岡「最終的にはみんな大学に行くことを目指している」

マックス・プランク研究所では、岡さんの研究所に限らず、ディレクターが神様だと言う。ディレクターは、たとえば五、六人のグループ・リーダーの上に立ち、全ての決定権限を持つ。グループ・リーダーは、文字通りグループの長であり、PIである。しかし、上にディレクターがいるので、大学の教授と同じようには感じないだろう、と岡さんは言う。確かに、大学教授の上にも学科長なり学長なりはいるが、教授の研究方針に干渉してくるというわけではない。したがって、マックス・プランクの高待遇にもかかわらず、大学の教授に転身したいと思っているマックス・プランクのグループ・リーダーは非常に多いと言う。なお、グループ・リーダーからディレクターに昇進することは基本的にはできない。

また、ドイツのトップ大学で教授になるためには、本人の実力に加えて、アメリカの上位校で働いた経験がかなり有利に働くそうだ。ドイツは、国としてアメリカのほうを向いている、と岡さんは感じる。ヨーロッパにいた人よりも、アメリカに行った人を評価する。

岡「アメリカとのコネクションがある人のほうが、将来的にいろいろな利益をもたらしてくれる、と思われるのだろう」

増田「日本とドイツで期待される仕事、研究を比べて違いはありますか?」
岡「期待されていることは、実験グループを理論的にサポートすること（岡さんは理論の研究者である）。理論家だけで深い理論をやるだけでなくて」

岡さんは、日本でも同じ学科の実験研究者と共同研究することがあったが、偶発的、自発的だった。ドイツでは、岡さんが実験研究者と共同研究を行ってくれることを、ディレクターが最初から期待していた。実験家からも気軽に質問が持ち込まれて、日常的に共同研究をするようになった。

岡「日本のほうが多分独立性は高い。ほかの先生たちも、独立性に遠慮して、あまり共同研究などを持ち込まない。いいか悪いか分からないけれど、日本の大学は、横のつながりが同じ大学内でも弱いと思う。それぞれのグループはうまくいっている。それらのうまくいっているグループ同士が共同研究したらもっとうまくいくと思うのだけど、遠慮する文化がある。アメリカやドイツでは、遠慮なく、ちょっとでも分からないことがあったらとりあえず聞きに行く。遠慮は、研究にあまりよくないのかもしれない」

研究所内の会議は、最近の動向について説明を受けることが主で、会議に向かって作業をしておく必要があるわけではない。日本では、民主的な学科の場合は、会議でものごとを決める必要があるので、議論を尽くす。よく言えば民主的で、悪く言えば時間がかかる。

岡「ここはそうではなくて、三人いるディレクターに全ての権限がある」

トップダウン。

増田「日本のポスドクとドイツのポスドクは、労働の様子に違いがありますか?」

岡「日本はすごいんだな、と感じる。比較にならないくらい」

基礎的な勉強量。蓄積されている知識量。実際に研究をお願いしたときに出てくる出力も違う。ヨーロッパのポスドクのなかでも、素晴らしい力があって努力する人はいるが、人による差が大きい。平均値をとると、日本よりかなり低いだろう、とのこと。

増田「日本の学生が強いとすると、日本人研究者や日本の大学の未来は明るいように思えます」

岡「日本の場合は、准教授、教授になったあとのアウトプットが弱くなってしまう。雑用、委員会が多くて、そういう人たちが研究に集中できなくなってしまうことが多いと思います。（ＰＩとして）採用された時点では、皆優秀です」

増田「ドイツが他国と比べて特徴的だと思うことはありますか？」

岡「アメリカと比べると研究のスパンが長い。アメリカの研究費の仕組みとして、三、四年で新しいのを取らなければならないので、その時点で盛んな特定の研究テーマに応募する。ドイツは、もう少し息が長くて、一〇年や一五年の単位で研究を考えていると思う」

増田「海外ＰＩに興味がある日本人への助言をお願いします」

岡「アメリカに行くのであれば、なるべく早い段階でアメリカに行くこと。修士課程とか。日本ではあまり知られていないようだけれども、アメリカや他の国では、大学院生は給料をもらっている。タダでいろいろなところへ行けて、勉強もできる。

東京大学や京都大学のような大学なら、本当は、卒業生の三分の一とかが大学院でアメリカの一流大学に行っていたとしてもおかしくない。これからそういう時代になることを踏まえて情報収集をするとよい、と学部生には言いたいです。その上の年代でも、自分のいる研究室だけでなく、もっと広く視野を持って、思い切ってどこかに行くとよい。

中国で学生と話をすると、海外に行っていない人は中国の強い大学の（ＰＩ）ポジションにつけない仕組みである、と言う。なので、ほぼ全員が海外に行っている。日本は、八〇年代、九〇年代に大学のレベルが急激に上がったので国内でまかなえるようになったが、研究レベルが低下している現状を見ると、あと一〇年とか経つと難しくなってくるだろう。基本的には、海外に行くことが当たり前だと思って行ってほしい。日本は学部の教育が非常に充実しているので、自信を持ってやっていけると思います」

増田「岡さんの分野ではどうですか?」

岡「東京大学の自分がいた研究室を見ると、だんだん行くようになっている。ポスドクで海外に行く人も増えている。数年前と比べていい方向に進んでいる」

非英語圏の大学で現地語で授業も――名越絵美(スイス・ジュネーヴ大学)

名越さんの現職では、普通のテニュア・トラックが敷かれている。ベルン大学ですでに三年半PIをしていたので、早めにテニュア・トラックを終えることができて、テニュア付きの准教授になった。テニュアを得るための条件は曖昧《あいまい》だと言う。明文化されていず、昇進のための提出書類や手続きもよく分からない。聞く相手や場合によって回答が異なる。実際、テニュア・トラックは最近まで存在しなかったし、テニュア・トラック以外の道筋もある。

いっぽう、スイスにおいて、チューリヒ工科大学とローザンヌ工科大学は、ほぼアメリカ型の運営方針をとっているらしい。テニュア・トラックの条件や、ほかのいろいろなことが明文化されている。逆に、この二大学以外の大学のいいところは、あまり四角ばっていなくて人間的であることだ、と言う。

名越「ほかのヨーロッパと違って、スイスは研究費にかなり恵まれている。ただ、チューリヒ工科大学とローザンヌ工科大学は例外で、比べてはいけない。彼らの予算額は、ほかの大学（名越さんのいるジュネーヴ大学も含む）の予算額と全然違う。給料や各研究室が使えるお金が、大きく違う」

この二大学と比べると、ほかの大学では大学内部から来る予算は平均して少なめのようだ。同じ大学内でも学部・学科によって予算配分の方針は異なるので一括《ひとくく》りにはできないが、博士課程学生を一人雇って細々とハエの実験を続けることはできる程度の予算が割り当てられるのが一般的だ。とはいえ、そういう基礎的な量の仕事ができることは大事だ、と名越さんは言う。実際、私の大学では、そのような額の予算が大学から各ＰＩに配分されることはないので、うらやましく見える。

競争的研究費については、スイスは少なめの額をなるべく多くの人に渡そうとする。ただ、少ないといってもポスドクを一人雇える程度であり、日本の基準では比較的大きい研究費に属する。その採択率は少なくとも三〇％以上。他の大半の国よりも高い採択率だ。

名越「逆にそれを取れなかったら、研究者としてかなり危ないです」
増田「採択率が三〇〜四〇%だと、取れないPIが普通にいると思うんですが？」
名越「研究活動が主体でない病院勤務の医師なども応募するので、大学などの教育研究機関に勤務するPIなら、取れてしかるべきなのです」

この研究費は一人一個までしか取れないという意味で平等配分である。一〇人を従える研究室を持ちたいと思ったら、内部予算が大きいチューリヒ工科大学かローザンヌ工科大学でPIになるか、ヨーロッパ全体で公募されている大きな研究費（それは非常に採択率が低い）に応募するか、のどちらかぐらいだとのこと。

さて、ジュネーヴはフランス語圏である。

チューリヒ工科大学とローザンヌ工科大学は学内の言語が英語である。それ以外の大学では、学部生の授業は現地語でやって下さい、ということになっている。はじめの数年は、英語で授業をしても大目に見てくれるけれども、長年それを続けているとまずい、と言う。名越さんも、フランス語で授業をしている。フランス語での業務を拒否すると、同僚との仲が心配になる。フランス語話者の負担が増えてしまうからである。学生は親切で、先生のフランス語が駄目だ、という文句は言わないという。公的な電子メール、会議、その他の大学業務、学内の技術系の人との会話もフランス語。会議では、参加者はPIなので、みんな英語を話せる。それでも、会議はフランス語で行われる。大学の業務をみんなで平等に行う、という考え方からそうなっている。会議を英語で通そうとする外国人教員はいるが勧めない、と言う。

名越「はじめの一、二年はよくても、ずっとフランス語ができないと厳しい。フランス語をチャレンジだと思って受け入れないと難しい。そのことを頭に入れて就職活動をするほうがよい」

増田「海外PIに興味がある日本人への助言をお願いします」

名越「ある程度名前を知られていないと難しいかもしれない。論文もそうだけど、海外に友だちがいるとか。海外に来て発表をするとか。また、ずっと日本にいると、日本の社会構造や研究室の文化にどっぷり浸かってしまうから、海外に就職すると、ヨーロッパやアメリカの学生を抱えて研究室を運営するということに、はじめはすごくびっくりすると思う。朝から晩まで仕事をする人なんていないし、休暇も多いし、給料も高い。そのような状況で、学生にどうやって仕事をさせるか。いろんな背景や人生観の人がいる」

自分が汗水たらして獲得した研究費で雇用したポスドクが、五週間の休暇をとる。休暇は法律で保証されている。それでやっていけるかどうか、をまず考えるほうがよい、と言う。

名越「日本には日本の良さがある。日本で教授になると、助教などがいて学生の世話をしてくれる。学生は、給料をもらってもいないのにちゃんと働いてくれるので、やりやすい面もあるのかなと思います。それを諦めて、さらに現地語での授業や事務作業を引き受けてまで（非英語圏の）外国に来て働く意義は何か。人によって違うと思いますが、先にイメージしておくといいと思います」

研究室の雰囲気を知ろう——御手洗菜美子（デンマーク・ニールス・ボーア研究所）

ニールス・ボーア研究所は、コペンハーゲン大学理学部物理学科に相当する。御手洗さんは、現在、四学期制のなかで二つの学期（一一月下旬～一月末、四月下旬～六月末）で一つずつ授業を担当している。

物理学の座学（実験は行わない）の授業で、一つの授業は、たとえば火曜午前と木曜丸一日からなり、講義と演習（練習問題を解くこと）を行う。講義のみでスライドや黒板で流れるように進むと、学生はついてこられない。手を動かしながら自分で理解を深めるために、講義と演習をセットで行うことは、日本でも見かける。演習の採点などもあるので、授業がある時期は、研究ができないわけではないが、かなり忙しい。

御手洗「拘束時間以外にもエネルギーを持って行かれるから」

一年で二つ担当することになっている授業を、一つの学期に重ねるのは無理だと言う。授業のある学期は、大学院生の指導をする、論文を書く、研究費申請書を書くなどに当てる。もっと高い集中力が必要な研究仕事(集中してプログラミングを行うなど)は、やりにくいそうだ。学部は授業がデンマーク語であるため、大学院の授業を英語で担当している。

御手洗「外国人PIは、最初は大学院の授業だけを英語で担当する。私は、それをそのまま行っている。大学院なので、クラスは大きくなくて、学生は二〇人から三〇人くらい。個人的な感想だけど、こっちの学生さんは、ソーシャル・スキル的に割と大人。ギャップ・イヤー(高校卒業後に、たとえば一年空けてから大学に入学すること)もあるし、大学院なので、実際に年も上だと思う。いろいろ学生さんからの要望はあるけど、理不尽な感じではない。話し合ったりできる」

デンマーク語で授業をして下さい、という圧力はないという。なお、事務的なメールがデンマーク語で流れることはある。ただ、最近は「デンマークと英語両方を使う組織にしましょう」ということになっていて、ほぼ全ての事務的なやりとりにも英語版がつく。

授業と研究以外の大学運営業務は、本当に何もないぐらいだ。また、四学期のうちの二学期は授業を持っていない。環境には大変満足とのこと。

増田「ほかの周りのPIも、そんなに大学業務が少ない？　日本だと大学業務で忙しいようだけど」

御手洗「入試がないから。入試がないのは大きい。運営会議は、セクションリーダーが出る。年に四回くらいは全体での会議もある」

増田「そのいっぽう、学科長とかほんの一部の人は忙しくて研究できないように見える。そういうのはありますか？」

御手洗「学科長とか学部長になりたいと、政治家コース。そっちに行きたいなら、そういう運営の会議に出て、根回しして、とやらないとうまくいかない。棲《す》み分けが起こっている」

増田「でも、御手洗さんの最初の滞在を受け入れてくれたPIは、研究優先の人で、それなりに当時は組織のリーダーでもあった。彼が運営に忙殺されたりはしない？」

御手洗「しない。彼は、とても積極的に避けている。周りもみんな、彼は向いていない、と思っている。彼をそういう会議に入れても誰も喜ばない。研究の生産性は下がるし、誰も得をしない」

増田「給料は？」

御手洗「そんなに高くはない。企業に行った学生さんのほうがずっともらっている。でも、割と年金がいいんです。あと、イギリスと違って学費も無料だし（子どもがいて、大学に進学する場合）。子どもが大学に行くと、月に一〇万円くらいの生活費ももらえる。健康保険も全部タダ。（高い）税金は、どちらかというと保険のような感じ」

増田「海外ＰＩに興味がある日本人への助言をお願いします」

御手洗「とりあえず、どこか外国に行きましょう。私は、運良くいいところに行って幸せだった。でも、行く前に調べておくほうがいい。特に、研究室の雰囲気は大事。ＰＩと合わなかったら、一年でも地獄だから。来てから合わなかった、という話は聞く。合わなかったら、日本でも大変だけど、海外だとすごく大変。外づらがいいボス（ＰＩ）はいる。もしできれば、ボスがいないところで、その研究室のポスドクや学生さんに正直な話を聞くことができるといい」

増田「デンマークでは、テニュアを持っていても解雇されやすいとか？」

御手洗「今、うち解雇の真っ最中なんですよ。予算がこのままだと難しいので。一割くらい（ＰＩを）解雇するんじゃないかな。五月いっぱいは、自主退職募集中。足りなかったら、六月△日の午前中には必ず電話を取れるようにしておくこと、というお達しが来ている」

電話が来てしまったら解雇である。

増田「それはみんな気にしないんですか？　テニュアを獲得したのに解雇されると嫌だからデンマーク以外の国に行く、という人はいない？」

御手洗「それはあってもいいとは思う。解雇は、デンマークの国全体としての話。労働市場がそうなっているので。大学だけそのルールからはずすわけにはいかない。公務員もそうなっている。私は、知らなかったから。でも、知っててもデンマークに来たと思う」

強いメンタリティを――齋藤敬（オーストラリア・モナッシュ大学）

齋藤さんは、赴任して三年後にテニュア審査を受けた。自分は全然大したことなかったけどテニュアを取れた、と言う。アメリカと比べてテニュアは楽に取れる代わりに最初の研究費はあまりくれないイギリスと、似ているかもしれない。いっぽう、現在では、齋藤さんの大学もアメリカ式になってきている。現在では、最初にもらえる研究費は多く、約五年後にテニュア審査をされ、切られる人は多い。テニュア審査では研究費獲得実績が重視される。

さて、齋藤さんの研究分野は実験系なので、世界的に仕事時間が長い傾向はある。日本では二四時間研究室が稼働していることも珍しくない、という。齋藤さんは、自分の研究室の人たちになるべく早く帰るように促している。実験系なので夕方六時に全員帰ることはないが、居残りしている人は少ない。齋藤さん自身は、夕方六～七時に帰宅する。

齋藤「オーストラリアの研究費は、取りやすい人には取りやすい。取りにくい人には取りにくい」

これはどの国でもそうだと思うが、齋藤さんはオーストラリアの特殊事情を指摘する。

齋藤「研究者の数が非常に少ない」

オーストラリアは、人口が二四〇〇万。大学が四三校しかない。齋藤さんの広い意味での専門分野「高分子」には、大雑把に言って一つの大学にPIが二、三人いる。すると、全部合わせても一〇〇人程度。

オーストラリアの競争の特殊性として、上位八大学にしかほとんど研究費が来ない、という。国の方針として、これらの大学に集中的に投資をする。世界的な研究レベルを目指してもらうのだ。研究費申請書のなかで、研究環境という項目の点数の重みが高い。当然、強い大学のほうが研究環境がよい。したがって、まずは上位八大学に入っているかどうかで、研究費の獲得のしやすさがかなり変わる。齋藤さんのモナッシュ大学は入っている。

説明のために、齋藤さんの分野で、年間に五件の研究費申請が採択されるとする。単純化して、上位八大学のＰＩしか獲得できないと仮定すると、齋藤さんの分野ではオーストラリア全体で一〇〇人いる研究者が、二〇〜三〇人に絞られる。そのなかでその年に申請書を書く人のなかから五人程度が選ばれる。三〇人しかいないので、そのなかで上位のPIたちはお互いに顔見知りであることが多い。審査員も内輪だ。ずるいというよりは、三〇人しかいなかったらそうならざるをえない。特に、審査は専門家がしなければならない。外国の審査員を入れて意見を仰ぎはするが、最終決定は、オーストラリアの大学に属する審査員たちが行う。たとえば、一番強い三人が組んで一つの申請書を出せば、まず採択される。逆に、新しく来た若い研究者は、上位八大学にいても取りにくさがある。

増田「普段の仕事で、日本人として得している、損している、と思うことはありますか？」

齋藤「損していることのほうが多いかな。ガツガツ度がほかの国の人と違う。（こちらの研究者は）大したことなくても『俺はすごい』と言えるメンタリティを持っている」

半分以上のPIはオーストラリア人である。ただ、オーストラリア人研究者だけでなく、他国の研究者と比較しても、齋藤さんはそう思っている。

齋藤「日本にいた頃は、日本人のなかでは自分はガツガツしてたと思うけど、こちらでほかの人と比べると大したことない」

実験をするには、研究費のみならず、人手も必要だ。研究費があれば人を雇える。ただ、日本の大学には配属という仕組みがある。何もしなくても、毎年何人かの学生がＰＩに配属される。そして、理科系では大多数の人が修士課程までは進む。したがって、修士課程レベルの人員であれば、労せずに集めることができる。むしろ、多くの修士課程学生の指導をすることに、時間がかかるかもしれない。化学の実験系では、彼らの戦力は貴重だという。オーストラリアには、配属という仕組みはない。齋藤さんは、最初のうちは学生に自分の研究室に来てもらうことに苦労した。有名でもないので来ない。実験をどれだけ行って、どれだけ研究成果を出すか、という分野なので大変だ。

齋藤「最初の三年くらいは、日本にいた場合のほうが研究実績を上げられた気がする」

齋藤さんは三一歳でＰＩとなったが、最初のうちは年にたかだか論文三本程度。いっぽう、同年代で優秀な、日本の大学にいる日本人は、年に論文を一〇本書くことも普通だった。齋藤さんも優秀なのであって、人手の量で差がついたのだろうと私は推測する。

齋藤「これを乗り越えられる人には、海外就職を勧められる」

教える楽しさも実感——石黒正晃（韓国・ソウル大学）

増田「韓国の職階や昇進の仕組みは？」
石黒「助教授が四年。副教授（他国のAssociate Professor相当）が五年」

助教授という名前は、韓国語からの直訳であり、日本以外の他国のAssistant Professor相当である。したがって、PIである。助教授がテニュア・トラックである点も、アメリカに似ている。

日本では、東京大学や京都大学の教授を見ても、海外で博士号を取った人は少ない。いっぽう、韓国の東京大学に相当すると見なせるソウル大学では、教授世代は、アメリカで博士号を取った人が圧倒的に多い。このことも、韓国の大学の仕組みがアメリカに似ている理由らしい。

増田「若いPIでも、アメリカで博士号を取った人が多いですか？」
石黒「私の意見も入るのですが、我々の世代まではそう（石黒さんは、二〇〇九年にソウル大学でPIになった）。もっと若い人は、アメリカの大学で研究する優位性が低くなっていることや、韓国では政府から大学院生への財政的補助が充実しているとかいうことをよく見ている。優秀な学生が韓国の大学院に残るようになった」

助教授になって三年から三年半後に昇進審査がある。ソウル大学の場合は、研究が四〇%、教育が四〇%、大学業務が一〇%、所属長の意見が一〇%で評価される。研究は、「この論文誌に論文を掲載すると何点」のように、基準が明文化されている。いっぽう、インパクト・ファクター（一二ページ）などの数字を見つつも、それだけではなく、代表的な論文を数編提出させられ、五名の審査員がそれらの論文の中身までを精査する。研究費の獲得実績よりは論文実績で評価がなされるようだ。学生による授業評価もオンラインで行われ、「あなたの授業につけられた学生評価の点数は、学内で〇〇番くらいです」という数字が返ってくる。この点数は、四〇%を占める教育評価に反映される。

石黒「我々にとっては非常に重要な数字です」

副教授は、テニュアではなく、まだテニュア・トラック上であることが他国と異なる。その最後の年である五年目にテニュア審査がある。これに通ると、テニュア付きの教授となる。テニュア・トラックは九年ということになる。なお、日本と異なり、韓国には教授の定数がない。他のテニュア・トラック諸国と同じく、絶対評価で昇進の可否を決める。

増田「教員の国際化は進んでいますか?」

石黒「やっぱり優秀な(外国人の)研究者はそれなりに残っている。一概に言えないが、韓国で(欧米人にとって)難しいのは、言葉なんですよね。住居も大変。それで定着できずに帰ってしまう外国人も結構いる。ただ、残っている人は優秀で、別にほかに行き場所がないから残っているというわけではない。いきなりPIとして研究室を始められるし、韓国で研究や教育をしっかりやって高いモチベーションを持っている人は、あえて帰らずに残っていたりする。ただ、数はそんなに増えてない」

増田「一年のサイクルを教えて下さい」

石黒「三月始まりの学期と、九月始まりの学期がそれぞれ三ヶ月半ある。この間は、大学からとにかく教育活動に専念して下さい、と言われている」

この間、二一日間以上韓国外にいってはいけない、という決まりがある。いっぽう、あとの五ヶ月は「とにかく研究に専念して下さい」と言われる。その時期は、業務もほとんどない。会議も、石黒さんのみならず韓国人教員についても、少ない。日本のように夏休みの間に大学院入試の業務があるわけでもない。私が石黒さんをインタビューしたのは六月の下旬だった。

石黒「私の周り、今の時期誰もいないですよ。基本的に、今は皆研究に集中している時期です」
増田「研究費の状況はどうですか？」
石黒「研究費を取ることは必須条件だと思っている。大学院生の給料を払うのにも必要。額は、一〇〇万円では学生を雇いもできないので、一〇〇〇万円が一つの目安です」
増田「石黒さんは、一〇年くらい教員をしています。その間、韓国の大学で変化してきていると思うことはありますか？」
石黒「二〇〇五～一〇年頃に、もっと基礎科学に重点を置こうと叫ばれるようになりました。というのは、韓国はもともと産業に役立つような応用分野を重視していた。しかし、もっと根本的なところを強くしたほうがいいということで基礎科学も重視されるようになった。これが一つ目。もう一つは、韓国に来た最初の頃は、学生がアメリカ志向だった。最近は、韓国の大学院に行こうという傾向が強くなってきた。背景として、政府が学生にしっかりとした支援をするようになってきた」
増田「韓国でPIになってよかったなと思うことや、損してるなと思うことはありますか？」
石黒「よかったな、と思うのは研究を続けられること。年間に五ヶ月研究していい時期がある。教育に関しては、もともとはすごくやりたいと思っていたわけではないが、今ではやりがいがあると感じる。授業をやっても真剣に聞いている。韓国はもともと教育に対して熱心で、ソウル大学ともなると特に、授業をするとみんな真剣に聞いている。寝ている学生は見たこともないくらい。授業が終わっても、どんどん質問に来る」
ほかに、日本に近いことは長所だと言う。ちょっと帰りたいと思うとすぐに帰れる。東京に日帰り出張もできる。日本の共同研究者とのつながりを保ちやすい。

増田「韓国にPI就職したい人がいるとすると、助言はありますか？」
石黒「タイミングは大事。公募がなかなか出ないので。あとは、韓国で就職しようとするなら、人とのつながりが大事。韓国人は人とのつながりがかなり近いので、本当によく知っている人とか、安心できる人とか。よくつきあっておくことは大事かな、と思います」

研究資金の豊富さ——森政貴（シンガポール・シンガポール国立大学）

森さんが日本で勤めていた国際大学は、アメリカ型が敷かれている。三学期（と夏休み）制で、森さんは一学期につき一つの授業を受け持っていた。この授業負担量は、アメリカの研究大学の典型的な量であり、日本のほかの私立大学よりは格段に少ない。ところが、シンガポール国立大学では、それよりもさらに授業負担が少ない。二学期制で、片方の学期に二つやって、もう片方の学期には授業がない。

森「研究面では、研究資金の豊富さが全然日本と違う」

国からの資金が大学に配分されて、それが各学部に配分される。その資金を獲得しようと申し込むＰＩが少なくて、予算が余るくらいとのこと。

森「私は文系なので、必要な額が少ない。二年で一〇〇〇万円くらい。そういう規模であれば、申し込めば、ほぼ一〇〇％取れる。それに加えて、企業の寄付のようなものを基金として運営していて、そこから毎年自動的に研究費をもらえる。前年の論文業績や授業評価によって、もらえる額は変わる。学会の旅費は別で、学部の学会用資金に応募すれば、年に二回くらい学会に行かせてもらえる。文系としてはかなり潤沢。さらに、若手に優先的にくれる」

増田「すると、大学外の、国が出している競争的研究費に応募する必要はないですか？」

森「そうですね。理系の設備がたくさん要る研究でなければ。文系では全く必要ない」

増田「それは、シンガポール国立大学と南洋理工大学が特別なんですか？」

この二つの大学は、世界の大学ランキングで上位を張っている。異なるランキングシステムにおいて、この二つの大学は、東京大学よりも上の順位で出ることも多い（二〇一八年でＱＳ：南洋理工大学一一位、シンガポール国立大学一五位、東京大学二八位。ＴＨＥ：シンガポール国立大

学二二位、東京大学四六位、南洋理工大学五二位)。

森「それ以外の大学も含めて、シンガポールには国立大学が五校しかなくて、そこはだいたい同じ。国家予算としては、軍事費が大きくて、その次に教育費です」

増田「一年のサイクルはどうですか? 国際大学は日本のなかで例外かもしれませんが、ほかの日本の大学では、夏休みでも大学院入試や会議があったりします」

森「Assistant Professorは、会議や入試の仕事が、あっても年に数時間くらい。授業がないときは、ほぼ全部の時間を研究に使える」

テニュア・トラックは七年間で、仕組みはアメリカと同様だ。森さんの分野では、アメリカの場合は、この論文誌群から〇〇本、この論文誌群から△△本論文が出れば大丈夫、というふうになっている。それと比べると、シンガポール国立大学の評価基準は少し曖昧だと言う。不動産学部では、テニュア審査に合格してテニュア付き准教授になれる割合が、三分の一以下だ。大きい学部では、もっと高い割合でテニュアを取れている。分野の特性として、不動産学の論文誌のインパクト・ファクターは、理科系の花形分野よりもとても低い。インパクト・ファクターを分野横断して比較するのは一般的に難しい。ただ、シンガポール国立大学としては、大学全体としての順位をとても気にしている。不動産の研究をやっていても意味ないよ、という流れになっていると言う。

シンガポール国立大学は、アメリカのトップ10と本気で並ぼうとしている。そういう競争力を有する分野が実際にいくつかある。そこで、テニュアの基準も毎年厳しくなっているのだ。准教授から教授になるのも難しくなっている。

それぞれの授業には、学生の評価点がつく。評価点に基づいて、教育の賞が毎年数十人の教員に与えられる。この賞は、ボーナスの額に反映される。昇進では、このような教育業績はあまり重視されず、研究業績が重視される。

増田「シンガポールは給料が高いと聞きます。どう思いますか？」

森「学部によって結構違う。文系でも、経済学部や、ビジネス学部の金融系では結構もらっている。我々の学部は、そんなに多くない。香港に比べると低いと思います。公表されている数字で言うと、博士号を取り立ての人が私の学部でAssistant Professorになると、年収九〇〇万円くらいです。

家賃補助はある。大学のすぐ横に、シンガポール人以外の教員用の社宅がある。三ベッドルームで月に家賃一八万円。補助がなければ月に五〇万円する。大学側は、その差額が大学からの福利厚生だよ、と言っている」

増田「外国人教員の割合は？」

森「うちの学部では、シニア（年配。あるいは教授など）は八割くらいがシンガポール人。逆に、若手は八割くらいが非シンガポール人。教育大学から研究大学に変わっていくなかで、シンガポール人にこだわって採用している場合じゃない、ということになった。今では、国籍にかかわらず優秀な人を採ろうとしている」

これは学部を問わずに当てはまる。ただし、大学の経営上層部は、シンガポール人が占めている。今後、非シンガポール人が多い若手がシニアになっていったときに、経営上層部にも非シンガポール人が入っていくのかどうかは未知数だ。

増田「シンガポールの大学が他国と違う、と思う箇所はありますか？」

森「全部が強烈にトップダウンというのが一番の特徴。採用も含むいろいろな制度がトップダウンで、『こう決まりました』と通達される。変化は速いけれど、上が間違っていてもそのまま行ってしまう。良いところも悪いところもある」

増田「シンガポールに来てよかったな、やりにくいな、と思うことはありますか？」

森「研究環境が日本と比べ物にならないくらいよい。お金と時間。同じ分野の同僚が近くにいて、共同研究などをして一緒に学べる機会があるのもよい。あと、欧米で著名な研究者を、学期に三、四人以上呼んで、セミナーしてもらって、個別のミーティングをしてもらう。特に若手はそう。自分の研究を説明して、アドバイスをもらったり、内容が面白ければ、場合によっては共同研究者で論文の著者に入ってもらう。若手を育てる環境を作ってくれている。そういうネットワーク作りという意味では、シンガポールはどの国からも遠いけれども、とてもよい」

増田「旅費は当然出すにしても、著名な人が、長旅をしてシンガポールまで来てくれるのはすごいですね」

森「過去一〇年くらいに、この分野の学会をうちの大学が主体でやってみたり、アメリカの学会でも上のほうの委員になったり。そういうネットワーク作りが成功したのだと思う。

あと、シンガポールは、治安などがかなり日本に近い。外国にいるとよくある不便な部分が少ない。日本の学会のややこしいことに関わらずに、かつ、日本的な生活ができる。文句はほとんどない。家と車が高いことくらい」

増田「海外PIに興味がある日本人への助言をお願いします」

森「博士号を取る大学や指導教員の格が、少なくともとっかかりのところで重要になってくる場面があるので、よい大学に行くのが重要。私は修士課程を飛ばして、アメリカの、格がそれほどよくない大学で博士号を取った。そうではなくて、時間をかけてでも修士号をしっかり取って、そこからネットワークも作って、よい先生がいるよい博士課程に行くほうが、長い目で見ると助かると思う」

多様性の高さ——小林哲郎（香港・香港城市大学）

香港城市大学のＰＩは、毎年評価を受ける。評価基準は、研究が四割、教育が四割、大学業務が二割。いろいろな国で聞く数字だ。実際の時間配分としては、研究と教育の合計が、日本の大学全般よりも多いという。小林さんは、一学期に二つの授業科目を受け持つ。一つの授業科目が週に三時間ある。授業の評価は、全て学生からの評定である。一年の周期としては、五月の半ばから八月終わりまでが、研究に集中したり自由に出張できたりする期間だ。

小林「会議が少ない。ボトムアップで決めていくことがほとんどない。ほとんどのことがトップダウンで決まる。文句があっても通らない。ボトムアップで決めるのは人事くらい。教授会で議論して決めるということがない。その分の時間を研究と教育に使える」

増田「香港は中国の一部ですが、中国本土との違いは感じますか？」

小林「社会科学に関して言えば、やっていることが、まだ随分違う。香港のほうが、平均的に高くて、より国際的なコミュニティに接続されている」

次のような三層構造がある。

学部生は、香港人と海外からの留学生。小林さんの学部の香港人は、修士課程にはまず行かない。

修士課程はイギリス式で一年間。中国本土からの裕福な家庭出身が大半で、この人たちが払ってくれる学費は、大学にとって貴重な収入源である。アメリカやイギリスの多くの大学も、同じ意味で中国人の修士課程を当てにしている。

博士課程は、ほとんど中国本土からくる。修士課程で来るリッチ層とは異なり、博士課程で来る中国本土の人は、一般的に裕福というわけではない家庭の出身だ。学費や生活費は、PIの研究費などから出す。

小林さんから見ると、学部生、修士課程学生、博士課程学生が全部違う人たちからなる。上にそのまま進学する、ということが起こらない。したがって、研究室として継続的に人を育てることが難しい。日本のような学部、修士、博士と継続的にトレーニングできる方法がほとんどない。

増田「香港人の学生は少ないんですか？　それとも、博士課程に興味がないんですか？」

小林「博士を出ても香港でPIになれる確率が非常に低いので、むしろさっさと就職してお金を稼ぐ。もっとできる人は、アメリカやイギリスの大学院に行く」

中国本土出身で博士号を目指す学生のなかで、一番優秀な学生たちはアメリカの大学院へ行く。次はイギリスだろうか。香港に博士課程で来る中国人は、その基準よりはかなり落ちると言う。小林さんの大学の博士課程一年生は、東京大学の学部三、四年生くらいのレベルとのこと。特に、中国人学生が、中国本土の修士課程で学んでいる内容が、ほとんど役に立たない。

小林「ゼロから始める。あるいは、マイナスから始める」

何十年前の話か、と思うような知識を修士課程で学んできてしまう。これは理科系の状況とは異なる。少なくとも理数系では、中国の修士課程までのレベルは高い。中国のそれなりに上位(最上位でなくてもよい)の大学で修士号までを取った学生は、コミュニケーション力が大丈夫だと仮定すると、私だったら真っ先に自分の研究室に欲しい。私は、財源がなくていつも残念な思いをしている。

PIは、中国本土出身が四~五割、香港出身が三~四割、残りはその他である。中国本土の人が多いか少ないかは、香港のどの大学かにもよる。小林さんの大学は、中国本土の人が多めだ。

会議の資料は英語のみ。会議そのものは、一人でも中国語話者でない人がいれば英語になる。事務職員も全員英語をしゃべる。ただ、院生のリクルーティングは、地の利を活かして中国本士出身の先生が担当する。

昇進の仕組みは、アメリカ型のテニュア・トラックに近い。一つの契約が三年であり、助教授で来る人は、二回分の契約をもらう。そして、六年目にテニュア審査がある。いきなりテニュア付きで就任することは、教授や准教授でも稀だ。

小林さんは、日本でテニュア付きの准教授だったが、いったんテニュアを捨てて、香港に准教授で就職した。准教授で来る人は、テニュア審査の時計を早めてテニュアになれる人もいるし、きっちり六年やらされてからテニュア審査の場合もある。教授の場合は、一契約三年間の後にテニュアを与えられる場合が多い。大物の場合は、最初の契約時にいきなりテニュアを与えることもある。

政府の競争的研究費を少なくとも一つ取らないとテニュアになれない、ということが共通化されつつある。香港大学（THE世界大学ランキングで四〇位。QSランキングで二六位。いずれも二〇一八年）や香港中文《ちゅうぶん》大学（THE五八位。QS四九位）のような歴史のある大学と比べると、小林さんの大学は、大富豪による寄付が圧倒的に少ない。したがって、外から研究費を取って来るべし、という圧力が強い。「論文業績より研究費実績のほうが大事だ、と言い切る同僚も多い」という事情はアメリカやイギリスに共通する。研究費の競争が厳しいので、外部から獲得した資金ならば、政府の競争的研究費でなくてもテニュア審査で考慮するようになってきている。

増田「日本から香港に行ってよかったとか、やりにくいとか思うことはありますか？」

小林「多様性が高いのでいろいろな人がいる。そういうところは、日本にないよさ。学生にしてもいろいろな学生がいる。学生の勉強する動機も、平均的には日本よりも香港のほうが高いと思う。給料については、大きな長所はない。悪いところは、なんでも高い費用がかかること（住居、教育など）。あと、中国の影響がどんどん大きくなっているので、これから研究者たちの自由がどこまで保てるのか、やや不確定。現時点では問題ないけれども。もう一つは、学生を一貫して（学部から博士課程まで）トレーニングできないこと。組織的に研究するのは難しい」

増田「海外ＰＩに興味がある日本人への助言をお願いします」

小林「自分が香港に来たきっかけが、いろいろな国際学会に顔を出して、知り合いを作っていたこと。常にアンテナを張って、自分に近い研究をしている人とつきあっておく。知り合いがいないところの公募にいきなりぽっと応募しても、受け取る側も『この人誰？』ということになる。応募先に知り合いが一人いるといないのとでは大違い。チャンスがその上で転がってくるかどうかは、運とかもあるし、何とも言えないけど、そういう素地を作っておく」

中国というキャリアパス——河野洋治（中国・中国科学院・上海ストレスバイオロジーセンター）

河野さんの勤める中国科学院は、世界的にも有名である。大学ではなくて、研究専門。その意味で、日本の理化学研究所やドイツのマックス・プランク研究所に近い。

増田「中国科学院の環境はどうですか？」

河野「私の所属する中国科学院は、理化学研究所のような組織で、中国各地に約一〇〇ヶ所あり、約六万人が働いています。上海センターは、よく組織化されており、会議は基本的に英語で行われます。ただ、議論が白熱すると、中国人研究者同士が中国語になる場合もよくあります。そのような場合は、あとから英語でフォローの解説が入ります。事務の方も、主要なメンバーは英語でのコミュニケーションが可能で、大切な要件を直接議論できる点は大変助かっています。書類は、基本的に中国語なので、秘書さんや学生にお願いして作成してもらいます。このように、ほぼ主要な業務が英語であるため、中国語が全く上達しません。私の研究所の外国人研究者は、ほとんど中国語が話せず、いつも研究所外ではボディーランゲージを駆使しています。

上海センターの良い点として、高度な解析機器を持つ四つの研究室が存在し、各研究室に高度な技術を持った研究者がおり、私たちの研究をサポートしてくれます。解析を依頼すると、論文に投稿にできるように解析して出力してくれます。このシステムにより、効率的に研究を進めることができます。ぜひ、このシステムを日本でも採用してほしいと思っています。私が所属していた奈良先端科学技術大学院大学では、二〇一四年度まで、植物グローバル教育プロジェクトで、学内外の研究者の高度な機器を用いた解析をサポートしていました。非常によいシステムだったのですが、プロジェクトの終了に伴いそのサポートもなくなりました。関東や関西等の地方単位で高度な解析を依頼できる施設があれば、より効率的に研究を進めることができると思います」

中国には、985工程という重点大学三九校のグループがある。私は、985に属する大連《だいれん》理工大学の客員教授を三年間務めている。985大学には、国が重点的に予算を配分する。大連理工大学でも、ある教授と他の教授の給料が二倍三倍異なることがある。教授になることは、ゴールでなくスタートである（その後、ヒラ教授で終わる場合もあれば、すごい待遇の教授になる場合もある）。

河野さんは、中国科学院には本当にいい研究者がたくさんいると言う。研究費には、まず、中国科学院が各研究室に渡す年間予算があり、それに加えて、日本の科研費相当の競争的研究費がある。後者の額は、日本の科研費と同程度らしい。

増田「海外で研究室を主宰すること、あるいは留学に興味がある方に助言をお願いします」

河野「いい研究室、いいサイエンスをすることができる研究室にいることが大切だと思います。

そのような研究室では、海外のビッグな人と知り合えるチャンスが多くあります。私も研究室の教授のサポートにより、学会の運営業務を通じてコネクションを作ることができました。当時は、『嫌だな』、『実験できないな』と思っていましたが、今振り返ってみると、そこで人とつながって、自分の就職を助けてもらうことになりました。研究を行っていく上では、自分で全てをやるのは難しく、誰かの助けが必要となります。そのようなネットワーク形成をサポートしてくれる人が自分のボスであることは大事だと思います。

上海に移籍する前は、いろいろと不便な点があるのではないかと覚悟していたのですが、幸いなことにそれは杞憂《きゆう》に終わりました。手に入れることができない試薬や入手に時間のかかる機器なども若干ありますが、サイエンスの部分ではほぼ日本と同等な環境を作ることができました。私の個人的な感想として、日本人研究者のキャリアパスとして、中国で研究を行うという選択肢をもっと考慮してもよいと思っています」

期待される「数字」——高畑亨（中国・浙江大学）

増田「仕事の時間配分はどうですか？」

高畑「講義は年に一日だけ。その一日は三時間くらい教える。ほぼ一〇〇％研究できる」

浙江大学内にある高畑さんの研究所は、アメリカから有名な所長を呼び寄せて、その所長が高畑さんを含むＰＩたちを採用した。トップ論文誌に論文を出すことが期待されている。したがって、同大学の標準的なＰＩには割り当てられるであろう授業や大学運営業務が、極端に少ない。会議もほとんどない。

高畑「その分、大学の我々に対する期待は大きくて、当然『ネイチャー』や『サイエンス』に論文を出すんでしょ、みたいな雰囲気はある。中国全体として、対外的な数字を欲しがっていると思うんですよね。たとえば、オリンピックで金メダルが何個とか、『ネイチャー』、『サイエンス』に国全体で論文が何本載ったとか。各大学で、論文がいくつ出て、被引用数がどれくらいかで、ランキングをつけたがる。そういう数字をとにかく稼いできてくれ、と期待される」

期待される数字は、論文がどの論文誌に出たか、論文数、論文の被引用数。これらの数字は、ＰＩの昇進や給料の評価にも使われる。学生に対しても、インパクト・ファクターが△△以上の論文誌に論文を出したらボーナスを出そう、という議論もある。

また、テニュアの仕組みは、アメリカ式。最初の契約は四年。次の契約は三年。七年目の審査に合格すればテニュアをもらえる。

高畑「ただ、こっちで契約という意味は軽い（笑）。テニュアを取っても、安泰とは思っていない」

増田「研究費はどうですか？」

高畑「外部資金を取ってくることを期待されているが、難しくてなかなか取れない。ただ、最初の契約（四年間）でもらった研究費が使い切れないくらいある。三〇〇万元（約五〇〇〇万円）。スタートアップ（研究開始のための費用）というより、四年間分の研究室運営資金。契約を更新しても、多分そういうお金がつくと思います。PI全員がそう。

外部資金は、実は、取れても額がそれほど大きくない（年額二〇〇万～三〇〇万円）。ただ、外部資金を取ってくることは、研究者の直接評価につながる。論文発表と外部資金。とにかくこの二つ。だから、昇進の条件を満たすために外部資金を取ってこようとはする」

さて、中国では、いろいろな「タイトル」の競争がある。中国政府の海外ハイレベル人材招致プログラムである「千人計画」が有名だ。省（日本の県に対応）ごとにも、似たようなプログラムがあり、大学内にもプログラムがある。私も、大連理工大学の「タイトル」である「海天学者」を持っている。実質は三年間の客員教授とそのための旅費である。タイトル、プログラムと言われると分かりにくくて、「賞」に近い。もちろん、取るための競争がある。

高畑「中国の人はこういうタイトルをつけるのが好きみたいで」

タイトルを取ることができると、中国の強い大学が高待遇で迎えてくれたり、給料が数年間上がったり、ほかの何らかの報酬をもらえたりする。高畑さんは、二〇一六年に浙江省の千人計画に採択された。

高畑「駄目だった人たちのなかで、僕より業績のいい人はいくらでもいたんだけど。僕は日本人で、ほかに何の所属も持たずに、中国に来て基礎研究だけをやっている。それが珍しかったんだと思います。今はだんだん増えていると思いますが、二年前はほぼいなかったですね。そういう状況で、『がんばれよ』というのも込めて採用されたんだと思っています」

高畑さんは、浙江省千人計画採択の報酬として一〇〇万元（約一六〇〇万円）を、非課税で得た。研究費としてではなく、自分のお金としてである。すごい！

次に、大学院生は、自分の研究費で雇用する。レベルの高い大学から大学院生として来てくれる学生には、一万元のボーナスをつける。レベルの高いことの定義は、北京大学や清華大学を筆頭とし、三九大学が属する「985工程」の大学出身であることである。

増田「985大学のなかでも浙江大学はかなり上のほうです。すると、大学院生は基本的に985大学から来て、ボーナスは支給するということですか？」

高畑「北京大学とか浙江大学とかでも、大学院に行くときはみんな海外に行っちゃうんですよ。あるいは、中国国内に残るなら中国科学院。浙江大学の学部に行っている人がそのまま浙江大学の大学院に行くことは少ない。できれば、985大学から来てほしいけど、ほぼ来ない。その下の211大学（985大学と合わせて一一六大学ある）でやっと。その下の大学から来ることも多い。

一番上のグループの人たちは、全部海外か中国科学院へ行く。二番目のグループは、国内のすごく有名な先生のところ。僕のような新入りのところに来るのは第三グループの学生です」

増田「海外からの大学院生は？」

高畑「欧米や日本からは難しい。中国に住みたがらない。中国政府が海外からの大学院生を奨励していて、奨学金はある。違う国（途上国など）から来る人は、医学関係や産業関係など、もっと実用性を求める傾向がある。でも、僕のところは一〇〇％基礎科学なので」

増田「ポスドクはどうですか？　ポスドクは、もうちょっと自由だと思うのですが？」

高畑「大学院なりポスドクなりで一回海外に出ていないと、中国でまともに（PI）就職できないというのもあって、ポスドクもなかなか集まらない。みんな海外に行きたがる」

教員の国際化については、大学は積極的に進めたいと思っているが、同様に苦戦している。高畑さんの研究所にも、欧米の人がＰＩ就活で面接に来る。しかし、内定を得た人が誰も実際には来なかった。大気汚染や他の生活環境の理由で来ないらしい。

増田「今のところに就職してよかったことや難しいことは何ですか？」

高畑「よいのは、研究内容が近い所長の先生が誘ってくれて、研究内容が近く、技術が異なるほかのＰＩがずらっと揃《そろ》っていること。そういうところはなかなかない。研究所のなかでの共同研究がものすごくやりやすい。お互い助け合って研究を進められる。お金もそれなりにあるから、結構やりたいことができる。

難しいのは、言語の問題もあるし、研究費申請書を書くにしても、もともとの風潮が分からないこと。アメリカは、実現可能かどうかをすごく見られる。日本は、そこはあまり気にされなくて、申請書を読んでて楽しいか、夢がひろがるか、を重視する傾向がある気がする。そこら辺のさじ加減が、中国ではどうなのかがよく分からない。学生を取るにしても、ほかの先生は、ほかの中国の大学に知り合いの先生がたくさんいるので、そっちから学生を紹介してもらうことが多い。僕は知り合いがゼロなので、最初の二年くらいは、学生が来なくて苦労しました」

増田「海外ＰＩに興味がある日本人への助言をお願いします」

高畑「日本も含めて応募を出して思ったこととして、インターネットに出ている公募を見て応募しても遅すぎる。僕の場合でもそう。所長の先生に誘ってもらった。公募も出していたけど、所長は、公募だけを見て応募してきた人を誰も採用していない。日本でも、自分が落ちた理由を聞くと『教育経験がないから』と言われたりしたが、実際に採用された人は、だいたい、その大学院生だった人か、そこと共同研究をしていた人。ほぼみんなそうだった。日本は、法人化をするときに、公募を出さなければいけないというルールにしたからそうなってしまったようだ。

大学院のときの先生なり、共同研究先の先生なり、周りで近い研究をしている先生なり、そういうところに普段から当たってみる。職の出そうなところを当たって、辛抱強く待つ。公募を見て応募するにしても、以前から知っている先生が出している公募に、事前連絡を取りつつ応募すべき。コネと言うと聞こえが悪いかもしれないけれど、採用する側は、自分のところと共同研究してお互いに高め合えるような人を雇いたい。ただ単に研究業績がすごい人ではなくて。そうするとある意味必然的に、近い研究分野の人、以前から知っている人、ということになる」

欧米型の昇進システム――仲澤剛史（台湾・国立成功大学）

増田「最近准教授に昇進されました。テニュアや昇進の仕組みはどうなっていますか？」

仲澤「欧米に近いと思います。（助教授で入ったら）三〜五年の間にテニュア審査を受ける」
増田「昇進審査のときに、何を見られますか？」
仲澤「大学、学科ごとに昇進の決まりがあります。私の学科だと、研究、教育、サービス（大学内委員会の業務など）に大別されます。教育は授業（仲澤さんは英語で授業を行っている）をどれだけ教えて、学生の授業評価がどのくらいで、指導している大学院生がどういう論文を書いて学会で評価されたか、など。特に大事なのは研究。そのなかでも論文。なぜかというと、論文だけが客観的に点数化されるからです。分野のなかで、上位何％の論文誌に論文を出すと何点、総説論文だと何点。筆頭著者か責任著者だと一〇〇％で数えられて、第二著者だと五〇％で数えられる、など。合計点数が△△点以上あれば昇進を申請できる」
増田「その点数のなかで、研究費を獲得したかどうか、というのは大きい重みですか？」
仲澤「研究費の実績や受賞歴も点数の項目にあるけど、論文発表の点数の重みが比較的大きい」

研究費は、一般のもの（何々プロジェクト、という名前付きではないもの）は結構取りやすい（三〇〜五〇％の採択率）。獲得した場合の研究期間は一〜三年。一つ研究費を持っている状態で二つ目を取ろうとすると、審査が厳しいらしい。台湾全体として平等に分配する、という力学が働いているらしい。

仲澤「それほど（研究費の）競争が厳しいとは感じていないです」

研究費は、トップダウンの何々プロジェクトでなければ、年にたとえば三五〇万円程度のものを申請する。博士課程学生には、教育や研究の補助をさせてある程度の給料を出す仕組みが大学にある。ただ、それだけでは生活費をまかなうには不十分で、親の金銭的支援や奨学金を得て博士課程を行うのが普通である。日本の学振DC（二三ページ）相当のものはない。また、年に三五〇万円程度の研究費は、ポスドク代には使えないこともあり、一般的にポスドクは少ない。ポスドクよりは大学院生に研究してもらうことが多い。もっとも、博士号を取りたい台湾の学生は、ほとんどが台湾で修士号を取ってから欧米の大学の博士課程に行ってしまう。

増田「外国人PIは多いですか？」

仲澤「増やそうとしています。大学も政府も国際化を意識しています。ビザや年金の条件を緩和したりして、海外から有力PIを呼び込む努力は行われている」

増田「でも、給料をよくしないと外国人PIが来てくれにくいと思いますが？」

仲澤「台湾は、そこをほとんど考えていなくて問題だと思っています。海外から家族を呼ぶためのサポートもないし、子どもの教育へのサポートもありません。よく言えば平等に扱われる」

増田「会議は多いですか？」

仲澤「比較的少ないと思います。一ヶ月に一回くらい。細かな委員会もあるんですけど、そこには僕は呼ばれない」

教授会は中国語で行われ、仲澤さんは分からないので、座っているだけに近いという。中国語で行う雑務も免除されている。

増田「外国人PIは、一般的により高い研究力を持っています。外国人PIに研究で突っ走ってもらう、という考えなのでしょうか？」

仲澤「外国人PIを置くもう一つの理由は、大学ランキングなどで国際化をアピールできるからだと思います。結果として、大学レベルでは外国人PIを入れたいけど、学科レベルでは業務が免除されることもあります。台湾に来る留学生の面倒を見る、という業務が逆に入ってきたりはします」

一年は九月中~下旬から授業が始まる。一年の流れは、旧正月休みが二月頃にしっかり入ることを除けば、日本やイギリスに似ている。夏休みは二ヶ月以上あって、だいたい自由に使える。一日の勤務は定時に始まり定時に終わる感じで、のんびりとやっている人が多い。難しさもある。日本と比べて、研究の相談が母国語でできないことがもどかしかったり、仲澤さんの分野が台湾では認識されていないので共同研究をうまく進めるのが難しかったりする。また、研究業界が小さいことや申請書を英語で書くことのせいか、研究費申請書を公平に審査してもらうことの難しさを感じている。

増田「海外PIに興味がある日本人への助言をお願いします」

仲澤「人のつながりは大事。国際学会で人に会うとか。できれば共同研究をするとか」

マヤ文明に魅せられて――鈴木真太郎（グアテマラ・デルバジェ大学）

鈴木さんの大学の運営は、極めてトップダウンだという。センター長が決定したことが、センターの意思になる。人事も、お金の割り振りも。考古学だけでなく、他学科も同様だという。付属の研究センター長、学科長、学部長になると、権力が集中し、給料もはね上がる。こういったポジションは一度手に入れたら退職するまで手放さないのが普通だ。

増田「鈴木さんが大学院生を行ったメキシコや、グアテマラの大学の、日本やアメリカと比べた特徴は何だと思いますか？」

鈴木「メキシコは、あまり日本と変わらない。経済の規模が小さいので、研究費の額は小さいけれども。論文や（本の）出版を基準に評価されて、給料が上がったり下がったりする。グアテマラは、国の研究費というシステムがない。日本の科研費やアメリカのNSF（国立科学財団）のようなものがあるにはあるけど、あまりにも規模が小さくて、かつ国が優先する研究に割り振られるので、考古学のような分野にはなかなか回ってこない。なので、海外の大学と共同研究をして、海外の先生が取ってきた研究費に、現地の共同研究スペースを供与する、といった形でお金をもらうことが多い。グアテマラ以南の中米の国も同じだと思う。自前で研究ができるわけではない」

増田「大学からは出ないんですか？」

鈴木「旅費については、前年度に『何々の学会に参加したい』と申請しておけば、通ることがある。通らないこともある。自分の研究費があってそこから自由に出せる、ということは基本的にない」

担当授業は少ない。鈴木さんは一年に一、二コマ持てばよい。三時間弱の講義を週に一回。大学業務も会議も少なくて、研究に使える時間はかなりある。ただ、給料が愕然《がくぜん》とするほど低いそうだ。その代わりに「立場を与えてもらっている」。大学の名前や鈴木さんの職位、という立場を使って、研究プロジェクトを立ち上げたり、他のプロジェクトに参加したりすることができる。自ら民間財団の助成金を取ったりして研究することが期待されている。民間財団については、グアテマラのものは政治性もあって自由に使える感じではないので、鈴木さんは日本の研究費を当てにする。

増田「グアテマラは物価がかなり安いと思っていますが、物価分を調整したあとでも給料がかなり安い、ということですか？」

鈴木「グアテマラは、物価が安いイメージがありますが、一応生活の治安が維持できるような空間に家を借りて住むと、割とかかってしまう。家賃も月四〇〇〜五〇〇ドルくらい。ショッピングモールでマクドナルドなりを食べようとすると、日本より高い。安全に動ける範囲内では、そういう店が多くなってしまう。中央市場に毎日行って食べれば、もっと安いけれども。給料は月額一二〇〇〜一三〇〇ドル程度で、ボーナスはなし」

授業、会議はスペイン語である。PIは、七割くらいがグアテマラ人で、残りはほとんど欧米からである。

増田「欧米から三割。教員の国際化がまあまあ進んでいると感じます」

鈴木「結構進んでますね。グアテマラにはいろんなことがある。昆虫など生物学的多様性も豊富だし、大規模な災害をもたらす火山活動についてもいろいろ研究できる。居ついちゃった人は結構いる。特に、考古学の世界では多い。ただ、アジア人の教員はとても少ない」

増田「アメリカに地理的に近いです。大学や研究について、アメリカの影響はありますか？」

鈴木「すごくあると思います。グアテマラの法律では、アメリカ人が研究費を持っていて発掘をしたい場合には、グアテマラの考古学者を一人、自分（アメリカ人PI）と同じ立場の共同ディレクターとして雇わなければいけない。アメリカのA大学のB先生が来ると、グアテマラのCとやっている、となる」

グアテマラのC先生にとっては、アメリカのB先生はパトロンである。C先生は、個人的な給料も得られる。B先生の周りに張り付いてやることになる。

現在、大学側の新しい考えとして、これからは論文業績を評価したいという。あと、外部から研究資金を持ってきて、自分で研究プロジェクトを運営できているかどうかを評価したい。いっぽう、古くからいるPIは給料が高い。業績にかかわらず、給料が毎年少しずつ上がるからである。したがって、ずっと昔に就職した人は給料が高い。新しく入った人にとっては、あまり面白くない。

教授は考古学科全体で一人。理学系の学部でも基本的には各学科に一人。これは理解に苦しむ。考古学科では学科長とそれに付属する考古学人類学研究センターの長を教授が兼ねており、その他のPIはプラサ（直訳すると「場所」）を持つテニュア付き准教授相当である。その下には、授業単位で雇われている、プラサを持っていない非常勤講師がいる。鈴木さんの職階はCatedráticoで、辞書で引くと正教授。ただ、それだと違和感があって、英語で履歴書を書くときはAssociate Professorと書いて下さい、と上に言われた。

増田「グアテマラの大学に就職してよかったな、やりにくいな、と思うことはありますか？」

鈴木「よかったことは、自分のやっている研究対象の近くにいるということ。マヤ文明の古人骨が専門で、その古人骨を発掘しているプロジェクトがすぐ近くにある。どこでどういう発見があったとか、そういう情報が早い段階で入ってくる。不具合は、経済面です」

増田「海外PIに興味がある日本人への助言をお願いします」

鈴木「頻繁に現地に渡航すること。よく知っておかないと、どうしようもない。私の場合はその土地の人と共同研究をたくさんやっていて、それが有効だった。知らない日本人がいきなり応募したとしても、採用されることはなかなかない」

発展途上国で正規の職員であるということと、アメリカや他の先進国で正規の職員であるということとは、随分立場が違う、と鈴木さんは強調する。

鈴木「グアテマラは、給料は低いし、社会保障にも問題がある。発展途上国では、教員職が名誉職的である面もある。グアテマラは、メキシコよりもその傾向が強い。メキシコは、上の分類になれば給料も結構出るので。日本人がグアテマラに就職しようと思ったら、やめておいたほうがよい、と言う。研究は進む。勉強はできる。けれども、社会人としての安定を考えると難しい」

終章　それぞれの道

PI就職の多様性と可能性

本書では、海外の大学でPIとして働く、というキャリアについて紹介した。就活と仕事環境。日本と海外の違い。国ごとの違い。分野ごとの違い。PI就職というレンズを通して見ると日本の大学と海外の大学がとても異なる、ということには、納得していただけたのではないだろうか。特に、韓国、中国、香港、台湾、シンガポールといったアジアの国・地域が欧米型なのに、日本だけは異なる、という場面に何回も遭遇した。

ただ、住めば都と言うが、住んでいる国や勤務している大学を正当化したくなるのが人の心理というものであろう。そこで、本書執筆にさいしては、とりわけ、そのような偏りを排除するように心がけた。日本のほうが海外よりも良い、という場合もあるだろうし、本書ではそのような意見を、その逆の意見と同じように反映しようと心がけた。インタビューでも、何人かが、日本の利点について述べてくれた。私も、たとえば実質的な所得、事務方の速度や正確さ、教育に費やさなければならない神経や責任の量については、イギリスよりも日本に利があると感じる。

なお、海外の大学で働く日本人の数は、アメリカが圧倒的に多いだろう。だが、本書でインタビューした人の比率は、その比率を反映していない。特に、アジアが相対的に多い。そうしたのは、アジアが今後日本の研究者にとって大きな就職先になりうる、と私が思っているからである。

PI就職における最適解は、国や分野、あるいは個々の大学、そして本人の価値観により、大きく異なる。本書のインタビューでも、価値観の多様性を含む、様々な多様性を語っていただいた。まして、海外PI就職をするとしても、それはあくまでスタートであって、ゴールではないはずだ。

とはいえ、海外PI就職は、今後、研究者人生を考える日本人にとって、今よりも大きい選択肢になってくるかもしれない。確かに、海外PI就職は一筋縄ではいかない。日本では評価が高い研究者が、海外の就活戦線では全く評価されない、ということがよく起こる。論文業績があってもである。どうしてそういうことが起こるのか。海外のPI就活で成功するためにはどうしたらいいのか。海外の大学はどんな人材が欲しいのか。

本書では、これらの問いに答える挑戦をしたつもりである。すぐに効く処方箋《しょほうせん》はない。それでも、数ヶ年計画で正しい準備をすれば（学生なら、なるべく早く留学に行くことを含む）、多くの日本人研究者にとって、海外ＰＩは決して手の届かない目標ではない。本書が、日本人の海外ＰＩ就職への一助になり、また、日本の大学が海外からＰＩをもっと受け入れることができるためのヒントになれば、著者として幸いである。

イギリスに来て分かったこと

ところで、本書で述べてきたように、私は東京大学に定職（テニュア付き准教授）を持っていたのに退職してイギリスに異動した。自らの意思でイギリスに来たとはいえ、「本当に後悔していないか？」、「異動した目的が、十分に達成されているか？」、「日本にいたときに想像した状況と変わってしまっていないか？」と自問自答してみると、正直おぼつかない部分もある。就職を決めた当時の見通しが甘かったり、予期できなかった変化があったりもした。たとえば、二〇一七年秋頃に、私の分野で最も主要な研究費助成機関が、私の主な専門を含む「複雑系科学」への投資を大きく減らす決定をした。そのこともあって、競争的研究費を得ることは、私には非常に難しい。競争的研究費をイギリスで獲得していないわけではないのだが、教授昇進に必要と思われる基準からは、私はまだ遠い位置にいるようである。また、イギリスのＥＵ離脱は、私がイギリスに来た後に決まったことである。ＥＵ離脱決定に伴って、ＥＵが関係する研究費に申請することに支障がでるようになった、と多くの人が口をそろえて言う。また、Ｅ

U離脱との因果関係の有無は分からないが、PIにかかる大学業務の質と量はこの五年間で明らかに増え、物価は給料の自然増を割り引いた上でも目に見えて高くなっている。

新たな道へ

私がPIとして、より成功しようと思うと、主な課題は研究費獲得実績や大きな研究チームを率いる実績であるようだ。このことは、本書執筆前から知ってはいたが、本書執筆を通じてより明確に感じた。私は、このことや他の様々な問題点に対して、思い切ったアプローチをすることにした。

異動である。

二年をかけてアメリカ（およびいくつかの特定の国）のPI公募に応募した。本書に書いたことを忠実に実践した就活であり、二〇一二〜一三年に行った前回の就活よりは、より成功しやすい就活を実践したと思う。自分が今後どんなPIになっていきたいのか、どんな人生にしたいのかを深く内省することにもつながった。

壁は高い。出した公募は八八ヶ所（本書でも述べたように、私は絞らないでどんどん応募してしまう人である）。五つの大学に面接に呼ばれた（五つ目は、他から内定を得た後の面接日程になってしまったので辞退した)。その結果、アメリカのニューヨーク大学バッファロー校から内定を得た。本書が刊行される二〇一九年の夏過ぎにはアメリカに異動する。自分の研究と家族の生活がどのようになっていくのか。新しいチャレンジである。

あとがき

本書刊行にあたり、多忙にもかかわらずインタビューに快く応じてくださり、貴重な経験を語ってくださった石黒正晃、岡隆史、河野洋治、河村耕平、木原大亮、小林哲郎、齋藤敬、榊美知子、篠原眞理、鈴木真太郎、高畑亨、仲澤剛史、名越絵美、福島佳子、御手洗菜美子、村山航、森政貴の各氏に御礼申し上げる。また、本書の原稿にコメントを寄せてくださったボレガラ・ダヌシカ氏に御礼申し上げる。また、本書の記述内容は、その多くを私の現職（ブリストル大学）の同僚や、世界中に散らばる私の研究者仲間からの情報に負っている。逐一名前を挙げないが、その人たちにも御礼申し上げる。

なお、インタビューした方の肩書はインタビュー当時のものである。また、語られた内容がその国や分野を代表しているわけではない。それらも含めて記述に不正確な点や偏りがあれば、それは全て著者の責任である。

本書の執筆に際して家族に世話になった、という謝辞をよく目にするが、本書の場合はあまり的を射ていない。私は筆が速くて、執筆時間が家族生活を圧迫したとは正直思っていない。それよりも、日本と異なり何かと不便で難しいことが多い海外生活をしてもらっていることこそが、感謝の対象である。イギリスで家族で生活していることを人に言うと、特に日本人女性には「奥さん偉いね」といの一番に言われることが多い。その意味を、ここ一年くらいでやっと実感できてきた気がする。妻の智穂に感謝する。

action=repository_view_main_item_detail&item_id=1982&item_no=1&page_id=13&block_id=23 からダウンロードできる。私と同様に日本とイギリスの両方で大学教員を体験した著者による、イギリスの大学事情の紹介、日本との比較など。著者の専門は計算機科学。
独立行政法人日本学生支援機構. 学生支援の取組状況に関する調査_修学支援（集計表）
https://www.jasso.go.jp/about/statistics/torikumi_chosa/__icsFiles/afieldfile/2015/10/09/syugaku_table.pdf
日本の大学における担任制実施率のアンケート集計結果が載っている。
仲澤剛史「台湾でポスドクから就職へ」『日本数理生物学会ニュースレター』74, 4-8 (2014).
http://www.jsmb.jp/newsletter/backnumbers/NL-74.pdf からダウンロードできる。
吉原真里『アメリカの大学院で成功する方法』中公新書 (2004).
海外日本人研究者ネットワーク
http://uja-info.org/
発足の経緯から、現状はアメリカ東海岸、生物・医学が中心的だが、世界的、分野限定的でない連携を目指している。
在独 PI ネットワーク
http://www.de.emb-japan.go.jp/nihongo/kagi/network.html
在ドイツ日本国大使館のウェブサイト内のページ。ドイツ国内で PI として働く日本人研究者のリストがある。
The Professor Is In
http://theprofessorisin.com/
アメリカの PI 就活についてのコツや様々な情報。具体的にアドバイスを得るのは、有料サービス。

参考文献

第一章では、以下の文献で説明されているデータを参照した。

Ichiko Fuyuno. What price will science pay for austerity? *Nature* 543, S10-S15 (2017).
http://www.natureasia.com/ja-jp/info/press-releases/detail/8622 に日本語の関連記事。
Ichiko Fuyuno. Resistance to reform. *Nature* 555, S52-S53 (2018).
「博士人材の社会の多様な場での活躍促進に向けて（これまでの検討の整理） 参考資料１」文部科学省，科学技術・学術審議会人材委員会（2017).
http://www.mext.go.jp/component/b_menu/shingi/toushin/__icsFiles/afieldfile/2017/02/20/1382233_2.pdf

以下は、本書執筆全般にさいして参考にした文献である。

生田哲『サイエンティストを目指す大学院留学』アルク（1995).
主にはアメリカの大学院に留学するためのガイドであるが、125-154ページに、アメリカのPI就職のプロセスや大学の仕組みが詳述されている。233-244ページのインタビューでも、採用したいPIにカリフォルニア工科大学が何を求めるか、などが語られていて興味深い。
エコノモ、P・エヴァン「国外で研究職に就くには (2) ―西洋アカデミアを理解するために：求職者と推薦書執筆者へのアドバイス」『日本生態学会誌』66 (3), 735-742 (2016).
https://www.jstage.jst.go.jp/article/seitai/66/3/66_735/_article/-char/ja からダウンロードできる。
門川俊明編著『研究留学術――研究者のためのアメリカ留学ガイド 第２版』医歯薬出版（2012).
241-252ページに、アメリカのPI就職の仕組みと著者の事例について、詳しい紹介がある。
ボレガラ、ダヌシカ「日本の大学から英国の大学へ」『人工知能』30 (5), 709-712 (2015).
https://jsai.ixsq.nii.ac.jp/ej/?action=pages_view_main&active_

イラスト・関根美有

増田直紀（ますだ・なおき）

1976年，東京生まれ．1994年，東京都立八王子東高等学校卒業．1998年，東京大学工学部計数工学科卒業，2002年，同大学大学院工学系研究科計数工学専攻博士課程修了．理化学研究所基礎科学特別研究員，東京大学大学院情報理工学系研究科数理情報学専攻講師，准教授を経て，2014年よりブリストル大学上級講師．専門はネットワーク科学，数理生物学．博士（工学）．

著書『私たちはどうつながっているのか』（中公新書，2007）
『複雑ネットワークの科学』（共著，産業図書，2005）
『「複雑ネットワーク」とは何か』（共著，講談社ブルーバックス，2006）
『複雑ネットワーク』（共著，近代科学社，2010）
『なぜ３人いると噂が広まるのか』（日経プレミアシリーズ，2012）
A Guide to Temporal Networks, Masuda and Lambiotte, World Scientific, 2016
Temporal Network Epidemiology, Masuda and Holme (ed.), Springer, 2017
ほか

海《かい》外《がい》で研《けん》究《きゅう》者《しゃ》になる
中公新書 *2549*

2019年６月25日発行

著　者　増田直紀
発行者　松田陽三

本文印刷　三晃印刷
カバー印刷　大熊整美堂
製　　本　小泉製本

発行所　中央公論新社
〒100-8152
東京都千代田区大手町 1-7-1
電話　販売　03-5299-1730
　　　編集　03-5299-1830
URL http://www.chuko.co.jp/

Published by CHUOKORON-SHINSHA, INC.
Printed in Japan　ISBN978-4-12-102549-4 C1237

中公新書刊行のことば

いまからちょうど五世紀まえ、グーテンベルクが近代印刷術を発明したとき、書物の大量生産は潜在的可能性を獲得し、いまからちょうど一世紀まえ、世界のおもな文明国で義務教育制度が採用されたとき、書物の大量需要の潜在性が形成された。この二つの潜在性がはげしく現実化したのが現代である。

いまや、書物によって視野を拡大し、変りゆく世界に豊かに対応しようとする強い要求を私たちは抑えることができない。この要求にこたえる義務を、今日の書物は背負っている。だが、その義務は、たんに専門的知識の通俗化をはかることによって果たされるものでもなく、通俗的好奇心にうったえて、いたずらに発行部数の巨大さを誇ることによって果たされるものでもない。現代を真摯に生きようとする読者に、真に知るに価いする知識だけを選びだして提供すること、これが中公新書の最大の目標である。

私たちは、知識として錯覚しているものによってしばしば動かされ、裏切られる。私たちは、作為によってあたえられた知識のうえに生きることがあまりに多く、ゆるぎない事実を通して思索することがあまりにすくない。中公新書が、その一貫した特色として自らに課すものは、この事実のみの持つ無条件の説得力を発揮させることである。現代にあらたな意味を投げかけるべく待機している過去の歴史的事実もまた、中公新書によって数多く発掘されるであろう。

中公新書は、現代を自らの眼で見つめようとする、逞しい知的な読者の活力となることを欲している。

一九六二年一一月

中公新書

心理・精神医学

c1

教育・家庭

m1

- 1136 0歳児がことばを獲得するとき　正高信男
- 1882 声が生まれる　竹内敏晴
- 2429 保育園問題　前田正子
- 2477 日本の公教育　中澤渉
- 2218 特別支援教育　柘植雅義
- 2004・2005 大学の誕生（上下）　天野郁夫
- 2424 帝国大学—近代日本のエリート育成装置　天野郁夫
- 1249 大衆教育社会のゆくえ　苅谷剛彦
- 2006 教育と平等　苅谷剛彦
- 1704 教養主義の没落　竹内洋
- 2149 高校紛争 1969-1970　小林哲夫
- 1065 人間形成の日米比較　恒吉僚子
- 1578 イギリスのいい子 日本のいい子　佐藤淑子
- 1984 日本の子どもと自尊心　佐藤淑子
- 416 ミュンヘンの小学生　子安美知子
- 2066 いじめとは何か　森田洋司
- 986 数学流生き方の再発見　秋山仁
- 2549 海外で研究者になる　増田直紀

中公新書

科学・技術

p1